韩信

活着，就是为了实现理想

曲水 著

贵州出版集团
贵州民族出版社

图书在版编目（CIP）数据

韩信：活着就是为了实现理想 / 曲水著 . —贵阳：贵州民族出版社，2019.10

ISBN 978-7-5412-2456-0

Ⅰ . ①韩⋯　Ⅱ . ①曲⋯　Ⅲ . ①韩信（？– 前 196）– 传记　Ⅳ . ① K825.2

中国版本图书馆 CIP 数据核字（2019）第 129815 号

韩信　活着就是为了实现理想

曲水　著

出版发行：贵州民族出版社

地　　址：贵阳市观山湖区会展东路贵州出版集团大楼

邮　　编：550081

印　　刷：北京柯蓝博泰印务有限公司

开　　本：710mm × 960mm　1/16

版　　次：2019 年 10 月第 1 版

印　　次：2019 年 10 月第 1 次印刷

印　　张：14

字　　数：200 千字

书　　号：ISBN 978-7-5412-2456-0

定　　价：39.80 元

前言

PREFACE

韩信的名声有多大？不管对历史有无了解，大家都听说过韩信之名。

伴随这个名字的，还有斩白蛇起义的刘邦、不肯过江东的项羽、发明“人彘”的吕雉，以及“成也萧何，败也萧何”的典故。

清朝文人包彬感叹战神韩信传奇而悲壮的一生，特意在韩信庙写下这样一首诗：

淮阴侯庙

鸟尽良弓势必藏，千秋青史费评章。

区区一饭犹图报，争肯为臣负汉王？

这首诗道尽了韩信的人格魅力。

韩信是当之无愧的一代战神，也是睥睨古今的军事天才。他凭借实力，硬生生地在楚汉乱世分走一杯羹。

一饭千金、胯下之辱、妇人之仁、明修栈道暗度陈仓、推陈出新、大张旗鼓、声东击西、木罂渡军、背水一战、各自为营、置之死地而后生、十面埋伏、多多益善……

这些闪闪发光的成语，皆来源于韩信跌宕起伏的人生。

所谓“乱世出英雄”“英雄造时势”，在时代更迭之际，总有些带有浓厚传奇色彩的英雄涌现出来。

公元前209年，陈胜、吴广在大泽乡起义，率先开启了中国农民揭竿而起的历史。韩信带着一把家传宝剑，从淮阴县出山，来到项梁麾下。项梁死后，韩信又在大名鼎鼎的项羽帐下做了执戟郎。

韩信在楚营待了三年多，却像一块被雪藏的美玉，一直未能获得重用。直到公元前206年，韩信赶赴蜀地投奔刘邦，这才开启了传奇的人生。

在帮刘邦拿下秦、魏、代、赵、燕、齐等国后，韩信又将西楚霸王项羽从神坛踢下，自己成为当之无愧的新一代战神。

韩信的战绩令人咋舌，然而，历史似乎分外偏爱悲剧。韩信重情重义，信守承诺，最后却被吕雉以“谋反”罪名残忍诛杀。

一代兵仙、一代战神、一代枭雄，就这样魂断长乐宫。

本书从韩信少年时期讲起，将读者带入楚汉争霸的大时代中。用平实易懂的文字，让读者感受韩信从“胯下辱夫”到一代战神的历程。

作者在书中插入《史记·淮阴侯列传》《史记·高祖本纪》《汉书·高帝纪》《九州春秋》等史书记载，帮助读者更加清晰地了解韩信的一生。

韩信生得卑微，死得委屈，但中间的过程却荡气回肠，让人感慨万千。

苍茫历史，兴衰荣辱，功过是非，自有后人评说。

下面，就让我们翻开此书，细细品味战神韩信传奇的一生……

CONTENTS

目录

第一部分　少时坎坷

第二部分　厚积薄发

第四章　亡秦岁月

第三部分　北地扬威

第五章　初露锋芒

第六章　力撑危局，驰援汉王

第七章　东征西讨，扬威河东

第十二章　鸟尽弓藏，兔死狗烹

第十三章　“生死一知己，存亡两妇人”

第一部分 少时坎坷

第一章

贫不渝志

1. 王侯将相宁有种乎

“秦王上朝——”

随着宦人的一声高喝，面容俊朗、身着华服的秦王嬴政缓缓走了出来。

只见他威严的面容上眉头微蹙，似乎对宦人的称呼很不满意。

一旁的丞相李斯略一琢磨，嘴角露出一丝难以察觉的笑容。

果不其然，秦王在朝上刚刚坐定，便向文武百官开了口：“众位爱卿，寡人自登基以来，收九鼎，扫六合。如今天下归一，四海升平，寡人的功绩，已经超越了之前的所有君王。如今，寡人想为自己换个尊称，各位有什么提议吗？”

秦王此言一出，文武百官顿时面面相觑。

俗话说，伴君如伴虎。大王问话，做臣子的不能不答。可若答得不好，触动了秦王的“逆鳞”，臣子的脑袋可就得搬家了。

思及此处，在场的大臣都没说话。

良久，一位文官站起来，颤颤巍巍地作揖道：“大王，古时候的三皇五帝，其地位最为尊贵。而三皇中的天皇、地皇、人皇，以人皇最尊，不如您的尊号就定为人皇吧？”

秦王一听，立马摇头：“不妥，寡人创下的乃是不世之功。区区人皇，又怎能表达出寡人的尊崇呢？”

众人一听，秦王连人皇这个称呼都不满意，一个个就更不敢开口了。

此时，丞相李斯不紧不慢地站了出来，对秦王施了一礼：“大王，您的功绩，那是远远超过三皇五帝的啊！因此，不如称作皇帝，不知您意下如何？”

秦王连着念了好几遍：“……皇帝，这个尊号的确不错。从今日起，寡人的尊号便是皇帝了！”

“是——吾皇万岁万岁万万岁！”

众大臣哗啦啦跪倒一片，冲着嬴政山呼万岁。

就这样，始皇帝定都咸阳，建立起中国历史上第一个中央集权的封建王朝——秦。

为了加强对全国的统治，秦始皇采纳了李斯的建议，统一全国的文字与度量衡，促进了原各诸侯国的文化交流。

然而，实施这一系列改革时，始皇帝却采用了极端的方式，激起了民愤。“焚书坑儒”后，四地之士不满秦始皇的横征暴敛，或举起大旗，或躲进深山。

老百姓日子难过，但比老百姓更难过的，当属原六国那些没落的贵族。

在当时，贵族的职责是辅佐王室，陪王伴驾。灭国之后，他们既无农耕技术，也无经商能力，日子过得异常艰难。

在这些没落的贵族中有这样一户人家，其祖上乃是楚国贵族。这户人家姓韩，自秦国灭楚后，这家人便随着人潮迁往淮阴。

与众多落魄贵族一样，这户人家此时已成为平民。虽然众人仍对他们加以尊称，但心中并不高看他们一眼。

所谓秦失其鹿，群雄必逐之。

第一个为秦朝敲响丧钟的，便是来自阳城的农民陈胜。陈胜书写的传奇，更多在于他造反时说的那句话：“王侯将相，宁有种乎？”

这句话成就了陈胜，也成就了未来的韩信。

秦二世元年（前 209）七月，陈胜带领九百人起义。自此，秦昭襄王与秦始皇百战拼搏打出来的大秦天下，正式走向瓦解。

天下大乱，英雄自然辈出。陈胜打着为楚国复国的旗号，占据了一小块地盘。然而，在一众野心勃勃的诸侯看来，陈胜不过是农民出身，算得了什么呢？

陈胜根本没有控制六国的实力，只好立原魏国公子魏咎为王。魏咎的弟弟，便是历史上有名的魏王豹，也是汉文帝生母——薄姬的前夫。

风云激荡，沧海桑田。两个历史人物此时登场了。项羽名籍，字羽，生于公元前 233 年。与出生沛县的刘邦不同，项羽是货真价实的楚国人。

项羽身高八尺[①]二寸，按今天的标准，是个将近一米九的男人。挺拔

① 秦朝一尺≈ 23 厘米。

的身姿加上举鼎的神力，让项羽身边逐渐聚集了一批能人。

秦始皇三十七年（前 210）十一月，嬴政巡游天下，游至会稽，项羽与叔叔项梁也来围观。项羽往始皇帝处一瞥，不屑道：“这有什么好稀奇的？我可取而代之！”

项梁大惊，急忙呵斥，但内心十分赏识项羽。

原来，项梁是楚国著名大将项燕的儿子。对秦国的强烈仇恨，让他做梦都想实现“楚虽三户，亡秦必楚”的愿望。

当天下崩乱、陈胜举义后，项梁知道机会来了。

秦二世元年九月，会稽郡守殷通判定秦朝气数已尽，他找到项梁，拜其为大将。项梁不愿屈居殷通之下，又觊觎殷通的兵粮，于是设计，令项羽斩杀殷通。

众人骇于项羽神勇，纷纷伏拜。自此，项梁与项羽挥兵北上，准备一雪亡国之恨。

这一年，项羽二十四岁，而沛县的刘邦已经四十八岁了。

刘邦虽是历史上出名的英雄人物和美男子，但也是历史上出了名的无赖。刘邦从小就知道，自己不是俗人，迟早是要做一番大事的。

于是，他很少去地里干活，反而凭借圆滑老练，谋取了一份泗水亭长的差事。

当上亭长的刘邦开始显露出政治“才干”。他每日跟方方面面的人打交道，察言观色，口吐莲花，周围也渐渐聚集了一群酒肉朋友。

当然，这些酒肉朋友里还真有几个才华横溢的。头一位便是后来四百多年大汉王朝的开国宰相——萧何，此外还有杀狗贩肉的樊哙，吹喇叭的周勃，以及马倌夏侯婴。

常言道，多个朋友多条路。刘邦喜欢结交好友，喜好饮酒作乐，但奈何囊中羞涩。

通常，人兜里没钱，都羞于出门，更不敢结交权贵。可刘邦不同，不管兜里有无银钱，他都照样四处交友、吃喝，先过把嘴瘾。

白吃白喝久了，刘邦的胆子也大了。一日，单父县的财主吕公迁居到沛县，设宴邀请沛县有头有脸的人物。

主持堂会的是刘邦的好友萧何。萧何对刘邦说："你吃饭需要交贺礼，贺礼超过一千钱，就坐上座；贺礼不超过一千钱的，都坐到外面。"

刘邦听他这么一说，就壮着胆前来吃白食。他两手空空，到吕宅门口高喝："刘季贺万钱！"

里头的吕公一听："哟呵，沛县还有这么有钱的财主？"于是慌忙请刘邦上座。见了刘邦，又深觉眼前的美男子面相不俗，必成大器。

一旁的萧何笑道："吕公，这刘家老三嘴里没谱的，他哪里有一万钱呢？"

可吕公已经被刘邦的谈吐和长相吸引，不但没有责怪刘邦，反而还将自己心爱的女儿许给了他。

这位貌美如花的吕公女儿，便是后来历史上赫赫有名的吕后——吕雉。

再将目光转到淮阴县，一子生于那韩姓贵族家中，名为韩信。与其他贵族一样，韩信从小便读书识字，期望有朝一日能为国效力。可他的抱负还没有实现，楚国就遭受了灭顶之灾。

关于韩信的童年，史书没有任何记载。

当韩信穿过历史的重重迷雾，行走于淮阴县市井中时，他已是一个弱冠少年。

而我们的故事，也就从这里开始了。

2. 良地葬母

"信儿，信儿。你又四处瞎逛了，还不快把手洗干净，准备吃饭了。"

破旧的茅屋前，一位朴实的妇女招呼着儿子。

在那个年代，没落的贵族本就比贫民更加困顿，再加上没有父亲的庇护，韩信母子的生活可想而知。

"信儿，你又去哪儿玩耍了？怎么身上手上全是泥？"韩母一边给小韩信擦手，一边询问道。

“母亲，我去河边演练兵法啦”，小韩信兴致勃勃地说，“我们用石子做士兵，我把他们的‘军队’全都打败了！这多亏了您给我带来的那些兵书啊！”

韩母看着比同龄人身材略显高大的儿子，很是欣慰。

韩信家本就是韩国贵族，虽然长期生活在楚地，但韩母和韩信的骨子里，是带着贵族与生俱来的骄傲的。韩母知道，儿子肯定会成大器。

“对了，母亲，咱们家祖传的那把宝剑，您什么时候才交给我呀？”小韩信一边吃着米粥，一边一脸渴求地看着母亲。

韩母笑着摸了摸韩信的小脑袋道：“等你熟读兵书，再大一些能执剑闯荡时，母亲自然就会把剑给你了。”

韩信闻言，更加努力地吃起饭来。

韩信的母亲是个非常刚强的女人，她将自己所有的爱都倾注于韩信身上。她不愿让韩信操心家里的生计，每当韩信一脸关切地问她“母亲，您昨夜是没休息好吗？为何今日如此疲惫”时，韩母都会笑着告诉他，自己一切都好，让他好好读书。

好在小韩信胸有大志，又十分孝顺，这一切都让韩母欢喜、欣慰。她也暗下决心，决不能让贫困的家庭，成为阻碍韩信前程的绊脚石。

于是，韩母设法为小韩信带来了更多的书籍，在韩信同龄人纷纷学习农耕与经商时，韩母也没有动摇。虽然她知道，让韩信早点做些家事，能让自己轻松些。但她更愿意让韩信有出息，以后能凭自己的本事，当一个真正的贵族。

小韩信知道母亲的意思，懂事的他也不愿意让母亲为难，于是常常待在家中读书。或许是韩母望子成龙的苦心激励了韩信，又或许是韩信从小就有建功立业的心志，总之，他学习非常刻苦，每日读书都异常勤奋。

聪颖的天资加上后天的努力，韩信很快掌握了必要的知识。此时的韩信，已经有了出人头地、一展宏图的抱负，这段时光也成为他日后建功的根基。

韩母一心盼着儿子成才，家中大小事务一律不许韩信插手，皆由自己操劳。韩信也不负母亲的期望，把书中所有内容都学得融会贯通。

其中，最让韩信着迷的当属兵书。为了研究兵法，韩信几乎每日都废寝忘食。

凭着对兵法的热爱，韩信很快钻研起来。他心中的道路也逐渐清晰起来，虽然韩信还不能明确自己的发展方向，但他能预感到，自己天生就是要带兵打仗的。

他，必然会在将来的战斗中，实现自己建功立业的理想与抱负。

每每想到此处，他便铆足劲头，更加用功地读兵书。就在韩信醉心于兵法时，韩母却因为长期的辛劳与清贫去世了。

顿时，韩信从一个不担心温饱、有所依靠的少年，变成了孤儿。

母亲辞世，对韩信造成了极大的打击。他渴望母亲看到他功成名就、建功立业的那天，但母亲匆匆离去，永远也回不来了。

想到母亲的温柔与坚强，韩信不仅潸然泪下。

“世间之事，一直都是不公平的吗？为什么您那么善良、温柔，可命运却如此折磨您？您还未看到我重振韩家门楣，我还未来得及好好孝敬您，您为何要离我而去呢？”韩信看着母亲似乎熟睡的面孔，口中喃喃自语。他擦干眼泪，决定要厚葬母亲。

在封建社会，人们对丧葬之事非常讲究。尤其是权贵之家，他们不仅对葬礼的排场非常讲究，而且会准备丰厚的殉葬品，同时为坟茔选择良好的风水之地。

然而韩信找出家中所有的银钱，也不够将母亲风光大葬。母亲生前，自己未能好好尽孝，母亲去世后，自己若还不能将其厚葬，岂非太过不孝？

韩信决定，排场可简，但风水上佳之地一定要有。于是，韩信找到一块非常开阔的高地。这片土地足以安置上万户人家居住，连一些达官贵人的冢地都不如这里宽广。

韩信很满意，将母亲妥善地葬到这块高地上。

韩信此举，实为将自己纳入公侯将相的行列中。

当时，身边的人纷纷嗤笑韩信异想天开，他们无法理解一个寒微又“一无是处”的人，为什么不去好好耕田劳作，而在坟冢的选择上煞费苦心。

直到后来韩信功成名就、荣归故里时，人们才知道燕雀与鸿鹄的区别。

司马迁曾亲自到淮阴看过韩母的冢地，并写下了这样的评语：“良然。”（《史记·淮阴侯列传》）

3. 生计渺茫

将母亲安葬后，韩信继续在淮阴县生活。失去了母亲的照料，韩信的生活变得更加困难。

一日，韩信去河边闲游，碰到了一位儿时玩伴。

“哟，这不是韩信大将军吗？”对方看到韩信，忍不住调侃了一句。

韩信知道，对方是在故意挑衅。他咬了咬牙，没有吱声。

对方看韩信不吱声，更加肆无忌惮，道：“哟，韩信大将军，你怎么不说话了？你的千军万马呢？是不是在这里啊？”

说完，对方从河滩上抓起一把石子，朝韩信丢去。

韩信实在忍无可忍，他一边用双手护住头部，一边喊道：“他日，我定要当上大将军给你瞧瞧！彼时，你可别忘了今日的所作所为！”

韩信语气极其坚定，神色也非常坚毅。对方被韩信的气势所震慑，悻悻而去。

回到家中，韩信想到刚刚受到的屈辱，心中不由感慨万千。

从前，自己在母亲的庇护下是多么安逸。母亲会将衣食准备妥当，他只需读读兵书、练练剑法即可。

可是现在，韩信手里仅有母亲留下的一点积蓄，何谈安身立命、建功立业呢？

何况，韩信虽然一直寒微，却始终保留着贵族的生活习惯。每日晨起，他都会佩戴着祖传宝剑，穿戴整齐地去各个地方游玩。渐渐地，本就贫困的韩信更加贫困了。

因为出身，他无法谋求仕途。又因为无技傍身，他只能贫苦下去。

一日，韩信游玩归家后，感到一阵饥饿。他掀开米缸准备煮饭，却发现米缸空空，竟然连一粒米都没有了。

韩信看着米缸，内心一阵愁苦，不禁感叹道："可叹我韩信熟读兵书，满腔抱负，如今竟连自己都养活不了，这日子又该怎么过呢！"

他无奈地盖上米缸，舀起一大瓢冷水喝下，过不了一会儿，他腹中又咕咕作响起来。

韩信本就比同龄人高大魁梧，加上又是正值青年，胃口格外好。这么大的小伙子，别说饿一顿，就算一顿不让他吃饱，也是极难忍受的。

韩信再次搜遍了家中的各个角落，还是没有找到余粮。别说米粒了，就连能充饥的东西也是遍寻不见。受不了腹中饥饿的韩信躺到床上，准备用睡觉的方式缓解饥饿。

此时的韩信越想越觉得委屈。他身为贵族后裔，非但不能一展抱负，反因温饱寸步难行，这简直是天大的讽刺。

他想着，手不由自主地按到宝剑上。

这柄宝剑是韩信家传的。虽然他没有手艺，也没有做生意的本钱，但如果把宝剑典当出去，还是能换来不少钱的。

这个念头刚冒出来，就马上被否决了。

"自己怎会有如此念头？这样还算是贵族后裔，还算是个男人吗？"韩信因自己刚刚冒出的想法而深深自责着。

在韩信看来，有了佩剑才能算真正的男人。在这段苦难的日子里，这把剑就是他唯一的精神寄托，无论如何困顿，他都不会卖了这把佩剑。

好不容易熬到东方发白，韩信从床上爬起来，照例穿上"百宝衣"，佩戴好心爱的宝剑，打水洗一洗脸，收拾一下自己，然后踏步出门。

由于腹中饥饿，韩信出门尤其早，街坊四邻都在生火做饭。

听到叮叮当当的洗锅做饭声，韩信的肚子更饿了。他不自觉地把脚步挪到了邻居家门前。正在做饭的邻居抬起头来，看到韩信正盯着饭锅出神，于是赶忙客气道："公子今日起得真早，可吃过早饭了？如果没吃，就一起到家中吃一些吧。"

韩信素日以贵族自居，自尊心也比旁人强上许多，他不想让邻居知道自己家已经揭不开锅，于是撑着面子说道："尚未吃饭，等会儿就回家做饭去了。"

邻居见韩信如此说，以为韩信家中有饭，便又客套道："公子，如今您的家中只有自己了，既然没做饭，又何必那么麻烦呢？我们是邻居，如果不嫌弃，就请一起吃点饭吧。"

面对邻居如此盛情的邀请，韩信心里非常高兴，也非常感动。于是，已经饿得头晕的韩信不再客套，马上对邻居说："既然如此，那就麻烦你们了。"

听到韩信这样讲，邻居反而愣了一下。他原本只想客气客气，谁料韩信真的要来家中吃饭了。邻居有些后悔，但事已至此，还是客气地说道："哪里哪里，公子光临寒舍，是我的荣幸。"

邻居将韩信请到家中，早饭是些清粥。由于秦朝暴政，老百姓几乎都吃不饱饭，只能用清水煮米，填填肚子而已。

韩信从头夜便没有进食，看到清粥更加把控不住，几乎是一口气吃光了邻居全家人的早饭。邻居家也不殷实，哪经得起韩信这样的青年敞开吃呢？但看在同是街坊，韩信又实在可怜的份上，邻居没有发作。

就这样，韩信蹭到了人生的第一顿饭。

第二章

市井冷暖

1.“寄食”受辱

饥肠辘辘却承蒙邻居关照的韩信，终于吃到了一顿饱饭。

饭毕，韩信道了声谢，便挎着宝剑在大街上、小河边闲逛，一会儿跟人攀谈，一会儿又拿起石子在河滩上摆摆阵法。

夕阳西下，人们纷纷回家准备做饭，韩信又感到了饥饿。于是，他从河滩上站起身来，慢慢往家走去。

来到邻居门前，韩信看到对方正在洗菜。刚想上去打个招呼，邻居却假装没有看见他。韩信愣了一下，便立刻明白了。原来，邻居是害怕自己到家里蹭饭啊！

韩信脸上一热，感到自尊心受到了极大伤害。于是，他甩了甩袖子，心里暗想：“如此势利，待我来日富贵，还怕你不来巴结我？”

虽然这样想，但肚子却咕咕叫个不停。想到家中连一粒米都没有，韩信叹了口气，只好在附近徘徊。

这时，他看到另一户人家正在做饭，于是上前打招呼：“您在做饭啊？”

邻居见是韩信，也客气地跟他打了招呼：“是啊。公子没有做饭吗？如果不嫌弃，就到家里吃顿便饭吧。”

有了第一次蹭饭的经历，加上邻居对自己以礼相邀，韩信便高兴地回道：“那就麻烦你们了。”

这位邻居也被韩信的直白吓了一跳，虽然心里有些不高兴，但嘴上还是客客气气地将韩信请进了门。

就这样，韩信把附近邻居家都蹭了个遍，日子也勉强过了一阵。最开始，邻居们碍于面子，再加上韩信平日诚信有礼，都会给他几碗饭吃。可一来二去，这些邻居们也不再跟韩信客套了。

邻居们原本就是贫民，家中都不富裕，韩信吃得又多，谁家都觉得负担不起。再有便是韩信每日只来蹭饭，却不曾给过他们半点好处，令他们非常生气。再见到韩信时，大家也就心照不宣地避开他，彼此间也都在谈论韩信蹭饭的毛病。

这样的话传到了淮阴县南昌亭长的耳朵中。这位亭长是个仁厚之人，他听说韩信落魄到挨家挨户蹭饭的地步，心里有些不忍，于是对妻子说道："这个韩信因为蹭饭，所以不能被举荐为官。可韩信心高气傲，如果不是日子实在困难，又怎会去蹭饭呢？再者，他终究是贵族出身，且熟读兵法，想必日后定能飞黄腾达。不如，以后就叫他到咱们家吃饭吧？"

亭长的妻子有些不乐意，于是说道："亭长本就是个芝麻小官，我们自己都吃不饱，你还要加一张嘴，这不是雪上加霜吗？"

亭长有些为难，但还是坚持道："我身为亭长，总不能眼看着韩信饿死吧？你不要再说了，去把韩信叫到家里吃饭吧！"

妻子满心不高兴，但拗不过亭长一直坚持，只好找到韩信说："亭长知道公子的情况，所以想请公子到我们家里吃饭。"

韩信十分感动，他对亭长妻子深施一礼，道："多谢你们，等我韩信将来富贵，定忘不了亭长与您的大恩。"

饭桌上，亭长对韩信很是看好，鼓励韩信道："公子谈吐不凡，且胸怀大志，将来必能成就一番事业。如今，公子落难，我身为亭长一定会帮助你。以后若公子没有饭吃，就请直接到我家里来吧！"

韩信对亭长十分感激，也决定日后一定要好好报答。

就这样，韩信每日三餐都在亭长家吃。刚开始还好，可时间长了，亭长家也渐渐开始揭不开锅了。

一日，亭长妻子掀开米缸，发现家里的米缸快见底了。终于，她再也忍不住了。

她在亭长面前怒斥韩信"无耻"，成日在家里吃饭，把家里都吃空了。亭长被妻子说得有些心动，但嘴上还是说道："当初是我邀请韩信来家里吃饭的，如今怎能说反悔就反悔？"

亭长妻子知道亭长不会直接让韩信离开，于是心生一计。

第二天，天还没亮，亭长妻子便起来做饭，饭做好后，她把还在熟睡的亭长叫了起来。亭长有些纳闷："今天怎么这么早？"

妻子说道："我们先吃，等韩信来了，我们都吃过饭了，也不必为他再做。"

亭长无奈，只能吃了饭又接着睡觉。到了吃饭时间，韩信来到亭长家，却发现亭长家今日并未做饭，反而都在睡觉。

韩信不解，于是在门前踱步。亭长妻子看见韩信，故意慢悠悠地洗漱，然后打扫院子，盥洗衣物，就是不做饭。

韩信红着脸上前询问。不问倒好，一问，亭长妻子便怒斥韩信，让韩信颜面扫尽。

虽然韩信之前就在邻居家遭过白眼，但被指着鼻子骂还是生平第一遭。

《史记·淮阴侯列传》对此事的描述为："怒，竟绝去。"可见素来好面子，且自尊心强的韩信当时有多愤慨。

怒极离去的韩信对亭长一家很失望，做善事有始而无终，又怎么能算仁厚呢？腹中空空的韩信在乡间漫无目的地踱步，却无人愿意与他搭话。

韩信来到经常用石子演练兵法的河边，突然眼前一亮。

2. 漂母饭恩

韩信漫无目的地来到河边，看见河里的鱼游来游去。

他眼前一亮："何不钓几条鱼来吃？"

说干就干，韩信急忙回家找出一根竹竿和一捆粗线。他将粗线捋好，系在竹竿的前段。他仿佛记得，隔壁家孩子钓鱼用的鱼竿上是有鱼钩的。

可当时，秦国收缴了老百姓所有的铁器。韩信的家传宝剑是被母亲悄悄保存下来的。当时，连屠夫的屠刀、农民的锄头都要到官府登记在册，韩信又能上哪儿去找材料制作鱼钩呢？

他想到姜子牙直钩钓鱼的故事，心里有了点儿底，于是拿着竹竿匆匆来到河边。他倚在一棵垂柳下，手中拿着一根竹竿，竹竿的前端系着一条线绳。

可韩信哪能钓上来鱼呢？他连鱼钩和鱼饵都没有。何况，姜子牙钓的并非鱼，而是人；他韩信迫切需要的，只是河中游动的小鱼啊！

就这样，他在河边站了半天，直到饿得头晕眼花，也没能钓上半条鱼。

见毫无收获，韩信只能站起身来准备回家。如今的韩信，可谓到了山穷水尽的地步。不要说成家立业，现在就连吃一顿饱饭也难。

可韩信即便到了今日的地步，仍然觉得自己日后必定能成大器。

可能有人觉得，韩信到处蹭饭真是厚脸皮，就连史书也将年轻时的韩信评价为“无行”。但在韩信自己看来，他从未主动去谁家要求吃饭。虽然被人耻笑，被人看不起，但他并不觉得蹭饭是“无行”的表现。

并且，他始终以王孙贵族自居，虽然蹭饭丢人，虽然食不果腹，但他不屑做那些偷鸡摸狗的事。

一日，正当柳树下的韩信饿得头晕时，他忽然抬头看见河的上游有三五个妇女正在盥洗衣物，她们一边用木槌敲打着衣服，一边相互说笑。

韩信摇头道：“我说鱼儿怎么不上钩，原来是被上游这些妇人吓跑了。”

说着，韩信打算换个地方继续钓鱼。

韩信看着聊天的妇女们，妇女们也在聊着韩信。原来，这些妇人们早就知道韩信四处蹭饭的“恶名”。

在这些妇人中，有一位专靠盥洗衣物为生的妇人，村里人都叫她漂母。

漂母看到韩信独自在河边钓鱼，心下明白，这小伙子今日肯定又没饭吃了。

她动了恻隐之心。漂母放下手中衣物，回家拿了一些饭食送到韩信面前，道：“这些是我的午饭，非常粗陋。如果公子不嫌弃，就请吃些吧！”

闻着饭菜的香味，韩信缓缓睁开眼睛。他看见面前这位提着食盒的中年妇人，心里一阵感慨。这位妇人与自己并非邻居，也素不相识，如今竟然主动给自己送饭，这怎能让人不感动呢？

他接过饭食，赶忙向妇人道谢：“乡邻们看见我，都如同看到瘟疫一般，唯恐避之不及。您与我非亲非故，又非邻居，却愿意赐饭食于我，我实在不知道如何感谢您才好。”

漂母摆摆手，随即道：“一顿饭食而已，公子不必客气。”

韩信再次向漂母深施一礼。礼毕，便狼吞虎咽起来。

看着韩信吃完了，妇人继续说道：“我就住在附近，以漂洗衣物为生。如果公子不嫌我的饭菜粗陋，可以每日在此树下等我。虽然我穷困，但还能赠给你一顿饭食。”

韩信十分感动，于是对妇人深施一礼，表示感谢。

解决了吃饭问题，韩信更是每日待到河边。他按照兵书上描绘的图形，用树枝画着敌我双方的阵营。他以石为兵、用沙作粮，运筹帷幄、纵观全局。演练到兴起时，韩信会起身，一边擦拭宝剑，一边踌躇满志地自言自语道：“大丈夫，当于此中直取万户侯！”

演练完毕，他便继续坐在河边钓鱼。此时的韩信已经顾不上鱼儿上不上钩了，他满脑子都是兵法的问题：这一战当如何攻守？如若敌众我寡，又当如何取胜？

当韩信感到腹中饥饿时，漂母早已将饭食准备好，送到韩信手上。

这样的日子持续了几十天。漂母每天到河边盥洗衣物，也每天为韩信准备饭食。终于有一天，韩信在接过漂母饭食时脸红地说道：“您没有嫌弃我，反而送我吃食。等日后我封侯拜相，一定赠予您千金，报答您对我的恩情。”

漂母听完韩信的承诺，顿时把脸沉下来，说道：“你堂堂七尺男儿，一不能耕地，二不会经商，沦落到这种地步。我看你可怜，给你饭食，并不是贪图你的‘千金’，你说这些话，简直是侮辱我。如果以后还想吃我的饭，就不要再说这样的话！”

这番话彻底浇醒了韩信。

3. 胯下之辱

受到漂母的责备，韩信不禁思绪万千。

是啊，自己一不能耕地，二不能经商，空有凌云壮志，可想要建功立业又谈何容易呢？一腔热血，却连吃饭都困难，又谈什么千金相报呢？

思及此处，韩信心情十分低落。他佩戴着宝剑，在市井中漫无目的地走着。

这淮阴县虽小，百姓的日子虽然难过，但市井却是一如既往地热闹。不管是摆摊经商的，还是路上闲逛的，大家也全是低头不见抬头见的熟人。

韩信常年佩剑行走于此，每个人都认识这个流浪蹭饭的少年。毕竟在淮阴县城里，有资格佩剑的人很少，尤其像韩信这样的年轻人，更是引人注目。

在淮阴县的市井中，有一个由年轻人组成的小圈子非常出名。这个小圈子里的年轻人，家中长辈都是县城中有头有脸的人物。当然，说是有头有脸，相对穷苦百姓而言，也只是过得稍微好一点的生活。

韩信不属于这个圈子。为什么？首先，韩信是县城里出了名的“蹭神”，兜里没有一文钱的他，根本无法混进来。其次，韩信自视甚高，常以贵族自居，不屑与这些年轻人交往。如此穷苦，却如此孤傲，自然没有圈子愿意容纳他。

韩信走在街上时，也常被这个圈子里的人嗤笑。

这天，韩信从河边回来，正思考漂母说的话，却不料被人拦住了去路。原来，他正好路过一个肉铺门口，拦住他的正是肉铺老板的儿子，他是这个圈子里的“头目”。

“韩信！你白长了这么高的个子，还喜欢随身配着宝剑。看着是个英雄，其实是个懦夫！”说完，肉铺少年身边的几个小青年也拦住韩信，并且撸胳膊挽袖子，想好好戏弄羞辱一下他。

周围的人见肉铺少年拿韩信开玩笑，纷纷围上来准备看个热闹。眼见周围人越聚越多，肉铺少年更来劲了，继续说道：“我说韩信，你腰上的宝剑从哪儿来的？不会是偷来的吧！”

韩信面无表情地看着几个小青年，说道：“与你无关，让开。”

肉铺少年上前一步，将双手横抱在胸前，双腿分开，笑着说道：“放你过去不难！你要是有种，拿起剑往我心窝刺进去；你要是没种，就从我胯下钻过去！”

众人闻言哈哈大笑，韩信死死盯着肉铺少年，攥紧了拳头。肉铺少年被韩信盯得有些发毛，但他还是断定，韩信就是个懦夫，不敢拔出宝剑。

韩信看着周围人越聚越多，心里不由得想："是十步杀一人，血溅七尺，还是像狗一般从他的裤裆下爬过去呢？如果杀掉他，不过是少了一恶少，但杀人需偿命，自己尚未实现鸿鹄之志，何苦给一麻雀陪葬？更何况，韩信的宝剑是由上好精铁锻造而成，寒光映日，摄人心魄。自古以来，名剑只斩千夫长，杀一小人，何苦来哉？"

想到此处，韩信默默低下了头。

众人看韩信有要爬过去的意思，纷纷起哄道："韩信果然是懦夫，他不敢杀人，要爬了！"

肉铺少年闻言更加嚣张，他不怀好意地把双腿分得更开，道："韩信！你个懦夫！快点爬过去！"

围观的人笑声更大了，甚至有人拊掌而笑。

韩信在众人的嘲笑声中双手按住宝剑，并快速将剑从腰间取下。

看热闹的人看见韩信如此举动，以为恶少将他逼急了，韩信要出手大开杀戒了！

刹那间，热闹的街市上鸦雀无声。恶少看到韩信亮出宝剑，吓得有些腿软。但他嘴里还是不依不饶道："懦夫韩信！我就不信！你敢杀我？"

"杀了他——"

看热闹的人群中，不知是谁带头喊了一句。大家都纷纷起哄，叫韩信杀掉恶少。

可接下来的一幕却让众人大失所望。

韩信把剑扔到地上，然后单膝跪下，双手撑地，在围观人群轻蔑的笑声中，慢慢双膝跪地，从恶少的胯下爬了过去。

这两条腿仿佛两座大山，将韩信最为看重的尊严牢牢压在了下面。

"这里待不下去了。"韩信满脑子想的都是这句话。他一边想着，一边心情复杂地站起来，捡起宝剑，在众人的嘲笑声中头也不回地走了。

关于韩信市井受辱，古今一直有两方面评价。

清初诗人沙张白为韩信作诗一首，专门描写他胯下受辱一事："韩王孙，昔何懦。恶少年，能死我。”其意是说，韩信胯下受辱并非是懦夫表现，一个人面对如此羞辱，竟然能隐忍不发，这才是坚韧与大勇，何其可怕。

而苏轼也在《留侯论》中讲述了大忍与小忍的区别。小忍乃是“匹夫见辱，拔剑而起，挺身而斗”；大忍却是“猝然临之而不惊，无故加之而不怒”。

试想，若韩信拔剑而起，刺死恶少。周围乡邻必然会抓住韩信送去见官，恶少的家人也不会善罢甘休，必然会将困顿的韩信逼入穷途末路。倒不如忍下一时之辱，以待来日。

淮阴县，虽是他生长的家乡，却容不下他的雄心壮志。

韩信知道，是时候离开了。

第二部分　厚积薄发

第三章

执剑行天涯

1. 投身项梁

秦始皇帝三十七年（前 210），渴望长生不死的始皇帝在东巡路上病亡。

“皇帝驾崩，死前令公子扶苏即位，你我该当如何？”

丞相李斯面前，站着一位身形佝偻、面色狡诈的侍卫。

李斯听来人如此说，不由得眉头一皱，道：“什么？立公子扶苏为新君？皇帝可立下诏书？”

来人点头道：“若是没有诏书，我还与你商量作甚？如今皇帝驾崩，此事只你我知晓。依我看，不如先秘不发丧，待回到咸阳后再做打算。”

李斯不满来人的狂妄，可他还是忍住了。原来，此人正是始皇帝身边最受宠信的宦官侍卫——赵高。

李斯沉吟片刻，道：“作何打算？你可有什么计划？”

赵高面色阴沉道：“公子扶苏与你素来政见不同，想必，你也很想除掉他吧？”

李斯沉默不语。良久，他抬头盯着赵高说道：“那，就要看您的手笔了——”

咸阳城内，一份加急文书被火速发往扶苏处。秦始皇眼光不错，不管是政治远见还是个人才能，公子扶苏都可谓是十分卓越。可他万万没想到，这份立储密诏竟会被自己的贴身宦官赵高偷偷打开。

赵高其人极为贪婪奸猾，素来与扶苏不和。他知道，扶苏一旦上位，自己的利益必然会受到威胁。于是，赵高找到与扶苏政见不同的丞相李斯，共想办法应对。

这赵高虽然性情贪猾，却有一样非常厉害的本事，那便是伪造书法。

他伪造了两份秦始皇的密诏，一份送去胡亥处，令其继承帝位；另一份送到北方，令扶苏自尽。

扶苏接到密诏后丝毫没有怀疑，在苦涩地哀叹了命运的不公后，无奈自刎。

扶苏一死，赵高便独揽了朝中大权。如此一来，百姓的日子更加艰难。

在一片水深火热中，农民陈胜和吴广于渔阳起义，世道顿时大乱。

韩信带着宝剑走出淮阴县，听闻项梁在江东起兵。韩信内心十分激动，他苦苦等待的机会终于来了。韩信心想："所谓时势造英雄，如今天下大乱，群雄并起，我何不趁此机会建功立业，一展宏图？"

思及此处，他便匆匆赶往江东，准备投靠项梁。

再说那项梁，在斩杀殷通后，便带领着项羽一路北上，准备光复楚国。项羽勇猛，项梁有谋，二人的势力一天天壮大起来。

很快，项梁带着军队渡过了淮河。

去往项梁营地前，韩信将宝剑擦拭了好几遍。他见项梁大军势如破竹，觉得项梁必能推翻秦国，光复大楚，自己也能在项梁手下谋个好前程。

带着这样的心情，韩信与其他年轻人穿过兵营，来到项梁的大帐前请命："项将军，我们愿追随您一同反秦！"

项梁走出营帐，看到有人投奔自己很是满意，道："胡亥无道，你们今日愿追随我，共同反秦，这是非常正确的决定……"

正说着，他看到眼前站着一位身材高大、身配宝剑的壮士，于是问道："你叫什么名字？是何方人士？"

那人正是韩信，他对项梁一抱拳，答道："我乃淮阴人氏韩信，自小熟读兵法，愿追随项将军反秦，共谋大业。"

项梁见他器宇轩昂，言语不俗，于是留他在帐下做一名卫士。众人都羡慕韩信，第一次见面便做了项梁的贴身侍从，但韩信却不高兴。

他知道，凭借自己的才能绝不只是一名卫士而已。但他目前还没有机会证明自己，只得默默接受项梁的好意。"迟早有一天，我会证明我的才华。"韩信暗想。

随着项梁和项羽的攻城拔寨，韩信也参加过几场战斗，奈何始终无人高看他一眼。韩信越来越郁闷难当。

一日，有人将韩信乃楚国贵族、韩国宗室后裔这一事情告知了项梁。项梁得知后，丝毫不以为意。在项梁看来，韩信不过一庸人耳。他手下无兵无卒，且本人落魄寒酸，周身仅剩一柄剑傍身，对反秦大业毫无帮助。

站在项梁的角度看，他的确没有理由立刻将韩信封为大将。可在韩信看来，自己没有在初次相见时“拿下”项梁，本身就说明项梁有眼无珠，不识千里良驹。

从历史的角度看，韩信的伯乐确非项梁。项梁不过是韩信事业中的匆匆过客。可如今，韩信身无分文，只能将命运交给项梁，做一个毫不起眼的小卒。

在项梁的军队中，根本没有人注意到韩信的与众不同，他与别人一样，都只是帐下小兵。韩信每日与天下名将近距离相处，内心的落差便与日俱增。

个中滋味，想必只有韩信自己最清楚。

这一日，天高气爽、风卷旌旗。项梁令诸军开拔，继续向北方前进。数万人身披铁甲，操戈在手，韩信也在其中。他茫然地跟着人群走着，没有丝毫的生气。

一路北上，道旁麦田青翠，项梁下令在下邳整军。他派出探子打探关东地区的情报，在探子带来的海量情报中，项梁注意到这样一条信息：

原泗水亭长刘邦起义，占据沛县，自称沛公。

刘邦在沛县起兵的时间与项梁接近，都是公元前 209 年 9 月。

与项梁不同的是，刘邦出身低微，属于秦朝最末流的小吏。

而让刘邦下定决心反秦的，恰恰是担任亭长时的所见所闻。

2. 沛公刘邦

当时，刘邦正以亭长的身份押送一些替秦王修宫殿的劳役。

所有劳役包括刘邦在内，都知道此次西行是有去无回的。因此，很多劳役在半路上开小差跑了。眼看逃亡的人数越来越多，刘邦想到了秦朝“失期，法皆斩”律条。

刘邦不敢去咸阳交差，他知道去了就是送死，于是很豁达地放走了所有劳役。

在这些劳役中，有十几个壮士感念刘邦的大恩，当即表示愿追随亭长，共担生死。

刘邦与壮士们停下喝酒，众人都有些醉意。晚上，刘邦带醉行走在丰西泽中。一个探路的壮士过来对刘邦说：“前面有一条白色大蟒拦住了去路，我们绕行吧？”

趁着酒劲，刘邦豪情万丈地说道：“大丈夫独步天下，又有什么好害怕的呢！”

于是，他走到众人前面，拔剑将蟒斩断。又走了几里路，刘邦已经酩酊大醉，不省人事了。这时，远处传来一阵老太太的哭声。一个壮士循声走到斩蟒之处，发现一个老太太正放声啼哭。壮士问道：“您为何这样伤心？”

老太太悲痛地说：“我儿子被人杀了，所以痛哭。”

壮士问道：“您的儿子因何被杀？”

老太太说：“我儿子乃是白帝子，变成白蟒横在路中，却被赤帝子给杀了，我很伤心。”

人们以为这老太太散布谣言，于是动手想打她，可老太太却凭空不见了。

人们向刘邦汇报了这一情况，刘邦心里高兴，跟随他的壮士们也越来越敬畏他。

早在多年前，便有刘邦带帝王之相的传言。秦始皇曾言“东南方向有天子气”，刘邦怀疑说的是自己，于是藏匿于芒砀山中。

其妻吕雉带人寻找他，每次都能在人迹罕至之处找到。刘邦很奇怪，问吕雉是怎么回事。

吕雉说道：“你在的地方，总会有一团凝结的云，我们根据这一现象就能找到你。”刘邦闻言十分高兴，此事流传出去后，便有很多人前来归附刘邦。

此一番，刘邦不敢到咸阳送死，又没法回到沛县，只能躲在芒砀山等待时机。

时机很快便来临了。刘邦“斩白蛇”的故事流传开来后，沛县的县令大人动了造反的心思。彼时，刘邦的好友萧何任县主吏掾，也就是现在的办公室主任。他与狱掾曹参，也就是现在的司法局局长，对沛县县令想当诸侯的念头嗤之以鼻。

论处事，论见识，论交情，他们心里最佳人选都是刘邦。于是，萧何开始忽悠县令，让他把刘邦从芒砀山迎出来。

县令也是个昏愦愚蠢的人，采纳了萧何与曹参的建议。他让刘邦的另一位好友，杀狗贩肉的樊哙去芒砀山将刘邦迎回沛县共商大事。当樊哙将刘邦迎回城外时，县令突然反悔了，他觉得刘邦其人野心勃勃，回到沛县定会对自己不利。于是，他将刘邦关在城门外，拒绝开门。

刘邦在沛县人脉深厚，又有这么多称帝的流言相佐，自然不是一介县令能够相提并论的。刘邦只往城里射了一封信，城中的父老乡亲们便一呼百应冲进县城，将县令大人杀死后，开门迎接刘邦。

不得不说，刘邦在人望和社交方面，比韩信强得不是一点半点。

在韩信屈居项梁之下，怀才不遇、愤愤不平之际，刘邦已经当上了一呼百应的沛公，意气风发地开始了自己的霸业。

开局之初，刘邦发展得相当顺利。他率军北上，相继攻下了苏北和鲁南。然而，令他没想到的是，被自己留在苏丰县守丰邑的老乡雍齿，在魏国丞相周市的诱惑下公然背叛了自己。

刘邦大怒，率军杀回丰邑。“不能取，沛公还之沛”，刘邦拿这座小城毫无办法，只能一边大骂雍齿，一边返回沛县。

这时，他听到了一个重要消息：景驹被立为楚王，此刻正在沛县驻扎。

刘邦心想，这些人对自己的春秋霸业一定有帮助，便去找景驹搬救兵。路上，刘邦遇到了韩国贵族张良。张良是当时出名的谋士，刘邦自然不会放过这样好的招揽机会。

张良被刘邦收入麾下。

再说那项梁，他在攻城略地后，得知“沛公”起义并要前往景驹处。一山哪容得了二虎？项梁带领六七万大军，以景驹没有获得陈胜王允准就私下为王的理由，向景驹发动了攻击。

可怜刘邦还想与景驹兵合一处，谁知顷刻间，景驹的兵马就变成了项梁的兵马。

刘邦见景驹仓皇逃窜，便顺势与项梁结了盟，以图大业。待到陈胜一死，实力雄厚的项梁便成为天下反秦兵马的盟主。

然而，这对项梁麾下的韩信而言，并没有什么用处。韩信本就是项梁帐前一卫卒，没有出身，更没有功勋。加之项梁从薛地得到了一个不世出的谋略奇才范增，韩信的出头之日就更遥遥无期了。

范增出山后，为项梁出的第一个计策，便是拥戴楚国正统王室的后裔，以此来堵住悠悠之口。

项梁从民间找寻到了楚怀王熊槐的孙子熊心，当熊心被项梁寻到时，他正在地主的家里头放羊。项梁将熊心立为楚王，以安楚人之心。

不久，秦国大将章邯以排山倒海之势，将齐、魏二国击败，还杀掉了齐王田儋与魏王魏咎。随后，章邯将齐人田荣围困在东阿。

项梁让刘邦出兵北上。章邯虽有万夫不当之勇，但也无法与剽悍的楚人相较。刘邦带领军队，顺利地救出了齐国的田荣。

此时，项梁和章邯才是重要角色。连刘邦、项羽都只能甘当配角，更何况韩信呢？韩信在军营中，听到刘邦大破章邯，不由得对刘邦心生向往。

自己在项梁麾下，恐怕是一生都无建树了。如果能跟随刘邦，有可能他还会发现自己的一身才华。

韩信正在犹豫彷徨之际，一件大事发生了。

3. 怀才不遇

秦二世二年（前208）七月，擅长玩弄阴谋的李斯，在政治斗争中输给了同样诡谲狡诈的赵高。赵高污蔑李斯纵子勾结陈胜，意图对秦朝不轨。胡亥本就一直看李斯不顺眼，顺势就将李斯判了个腰斩。

李斯的死，彻底打破了秦国皇帝、官、宦的三方平衡。这三方，赵高的势力最强，李斯与胡亥都较为弱势。赵高除掉了李斯，胡亥的权力便进一步被削弱了。

此时的秦国，已经成了一具空壳。

项梁自然不会放过这样的好机会。他带着项羽攻城拔寨，早就将自己视为天子。项梁手下的将士，除韩信外，大部分也都有些骄傲了。一个叫宋义的人听说了这样的情况，便前来劝说项梁："大将军，自古骄兵必败啊。我们现在接连胜利，兵将们都有些骄傲，操练也不如之前勤奋，这是失败的前兆啊！"

此一番话，正合韩信心意，但项梁却丝毫不以为意。

项梁笑着说道："秦兵有什么可怕的呢？他们怎么可能战胜我？我们接连告捷便是最好的证据！"

宋义有些不高兴，也看出了项梁日后必定失败的结局。

项梁是个聪明人，他只是不满宋义在自己高兴的时候泼冷水。俗话说，眼不见心不烦，项梁不想让宋义在这儿影响自己心情，便对宋义说道："刘邦将田荣从章邯手中救出，我想派一人出使齐国商谈事宜。你是个很有才华的人，我决定派你前去。"

宋义立刻明白，自己的话得罪了项梁。为了防止项梁失败牵连自己，宋义赶紧接过话说："多谢大将军厚爱，那我就马上动身。"

路上，宋义遇到了齐国派来求见项梁的使者高陵君显。宋义问道："你是去见项梁的吗？"

显点头称是。

宋义摇头道："项梁必定会失败的。我料想，秦二世得知项梁攻下定陶后，肯定会调兵遣将围攻定陶。你如果不想受到牵连，还是转身离去吧！"

说完，宋义便匆匆赶路，离开了这里。

事情的发展果然如宋义所料。秦二世知道项梁的实力是越来越强大，马上命大将章邯集中精力攻打项梁。

人，越在危困的时候，就越能发挥出自己的潜力。章邯虽然接连败给项梁，却没有失去信心和斗志，反而下定决心要与项梁拼个你死我活。

章邯知道，只要除掉项梁，就能打掉各路反秦人马的嚣张气焰。“悉起兵益章邯”，为了让楚国人断掉复国的念头，秦军不得不奋力一搏。

胡亥调动了所有军队，交由章邯全权指挥，章邯率大军将定陶团团围住。项梁没料想章邯竟然要与自己决一死战。

项梁毫无准备。这时项梁才深觉宋义的劝告是何等正确，但为时晚矣。章邯率大军杀入定陶，风驰电掣般冲入楚军大营。

“大破之定陶，项梁死。”

可叹项梁，一代枭雄，最终死在了败将章邯之手。

项梁死得突然，却也必然。“骄兵必败”的道理如此浅显，可宋义懂，项梁却不懂。

树倒猢狲散。失去了项梁这棵大树的庇护，项羽、刘邦、韩信等人自然四散而逃，在这乱世中重新定位自己的梦想。

项梁兵败身死，韩信也得到了解脱。

自从在淮河边执剑追随项梁后，韩信一直郁郁不得志。他虽表现出了与众不同，却没得到项梁的重用，只做了一名帐前小卒。

那时，项梁是受万人敬仰的枭雄，项羽和刘邦也在两军阵前拔剑迎风，书写男儿豪情。只有韩信，他拿着手里的宝剑，默默无闻地跟随众人厮杀。

这是韩信的不幸。

但战争本就如同噩梦，韩信能在战争中毫发无损，也是他的幸运。

毕竟活着才有希望，活着才能成功。

项梁的死讯在楚军内部造成了极大动荡。项羽和刘邦趁机收买人心。韩信也面临着这样一个选择——跟随项羽，还是追随刘邦？

这不仅是韩信头疼的问题，也是楚怀王熊心头疼的问题。项梁一死，熊心也成了没人掣肘的君王。他虽然没有兵将，但凭借出身，其野心也是不容小觑的。

熊心接受了项羽的“召唤”，迁都彭城。

作为乱世君王，熊心自有聪明之处。一到彭城，他就做出傀儡姿态，让大家都忽视了自己的手腕。到彭城不久，熊心便设计夺取了项羽军队的控制权，一跃成为名副其实的楚王。

熊心将项羽，以及秦末陈胜农民起义军将领吕臣提拔到极高的位置。下诏封项羽为长安侯，吕臣和刘邦也获得了高官厚禄。这样一来，枭雄们哑巴吃黄连，丝毫没有跟熊心翻脸的借口。

当然，军政的最高层争斗，跟韩信这个胯下辱夫是没有丝毫关系的。

韩信已决定投身项羽帐下，因为项羽素有知人善任、欣赏英雄的美名。韩信隐隐觉得，项羽就是自己的伯乐，在项羽麾下定能有所作为。

然而，韩信的希望在项羽那里也破灭了。

4. 项羽帐下一郎中

当韩信踌躇满志地出现在项羽面前时，项羽只是感觉韩信比一般的小兵强壮一点，于是赏了他一个郎中的官职。

虽然项羽给了韩信郎中，但这官职实在太小，也就相当于现在的保安队长。

何况，项羽虽说欣赏英雄，可韩信还没有机会能向项羽展示自己是个英雄。他的履历中，能让人记住的只有蹭饭吃和胯下之辱。

韩信入不了项羽的眼。

再看韩信，他必然不满足做郎中这样的小官。可想想在项梁那里的境遇，他还是有些安慰的。毕竟郎中是自己仕途中的第一步，这意味着他的能力受到了项羽的认可，也意味着他能踩着郎中这块官场垫脚石，走上人生巅峰。

对韩信而言，当上郎中便能与项羽、刘邦这些楚国军政高层人物当面接触。虽然他之前在项梁那里也能与高层朝夕相见，但那毕竟是帐前远观，没资格走近身边与之详谈。

可有了官职便不一样了。作为郎中，韩信需要近距离保护项羽等人的安全，这自然给了他极好的平台，让他能在楚国高层人物面前一展才华。

特别是长安侯项羽。比起其叔项梁，项羽自然更有眼光。他看出了韩信与其他士兵不同的地方，也愿意给韩信一个近身的官职，韩信感动不已。

自从当了郎中，韩信每天都能看到项羽，他将项羽视作人生中的一盏明灯，也渴望将心中的韬略全部说倒给项羽听。

然而，项羽也并非韩信的伯乐，此时的刘邦还离韩信十万八千里。慢慢地，韩信发现项羽是个极其骄傲，且崇尚武力的人。这样的人适合当大将，却不适合做王者。

韩信多次向项羽进言献策，但项羽没有一次采纳过。

在项羽眼中，韩信不过是个末流小官，哪里能懂军机大事？何况，韩信熟读兵书，说出来的话绕来绕去，还不如直接打仗来得痛快。

韩信的建议一直被项羽置之脑后，可项羽依旧能战无不胜。所以，韩信的话也越来越没有分量。

再看秦军一方。自从项梁死后，章邯认为楚国已经不堪一击，于是将目光对准了赵国。

赵国经历了长平之战后，其国力已经衰微。章邯杀掉项梁的威名，加上秦军势如破竹的态势，都让秦军向着有利的方向发展。

章邯率领秦军渡河，直逼邯郸。为了防止赵国向其他诸侯求救，章邯特意在漳水两岸修建了甬道，把粮食源源不断地运往钜鹿城外。

钜鹿正是赵王赵歇的藏身之地，而章邯手下的大将王离就驻扎于钜鹿城外。赵歇知道章邯是要困死自己，他也知道只有楚国才能跟章邯一较高下。

赵歇派出使臣，前往楚国求援。可赵歇一连派了几波使臣，楚国那边却迟迟没有动静，这让赵歇心急如焚、揣测连连。

面对赵国的求救，楚国自然是要响应的。真正耽误时间的，是楚国迟迟未能选出一位大将来统率军队。

经过一番激烈讨论，楚国接替项梁的大将竟然不是项羽，而是宋义。

这个消息不仅让项羽吃惊，也让韩信大吃一惊。可事实就是如此，楚怀王熊心已经拜宋义为上将军，赐号“卿子冠军”。

解救赵国的方案也定下来了，一共分为两步：派一支强兵，将章邯牵制在邯郸；再派一支劲旅，奇袭咸阳。这个方案说通俗点，便是“围秦救赵”了。

方案虽然敲定，但楚怀王还没想好派谁去牵制章邯，谁去奇袭秦都。

当时，楚国多数官员都更倾向于刘邦奇袭秦都，项羽随宋义牵制赵国。

为什么呢？因为刘邦为人宽厚，处事也极为温和，人缘很不错。而项羽性情残暴、骁勇善战，如果让项羽这样的屠夫去秦都，定然会到处烧杀抢掠，让楚国背负和秦朝一样的恶名。

楚怀王熊心跟楚国大部分官员想法一致，他喜欢温润如玉的刘邦，厌恶项羽这样的武夫。于是，他派刘邦去奇袭秦都，顺便宣扬一下楚国的仁义。

同时，他还立下了这样一个约定——“先入定关中者王之”。其意是刘邦和项羽二人，谁先入关中，谁就是诸侯王。

这个约定乍一看公平，但实际上却对项羽十分不利。秦都便是关中，刘邦受命奇袭关中，自然比项羽先牵制章邯救赵，再去往秦都关中要近得多。

项羽心里生气，但还是无奈地接受了王命。项羽跟宋义、范增一同出马，星夜兼程赶往邯郸救援赵歇。

项羽铁青着脸回到大帐，准备收拾行囊、北上救赵。帐内，项羽的宠妾虞姬默默地帮项羽收拾东西。此一去凶吉难测，虞姬浅浅叹了一口气，与项羽各怀心事，相顾无言。

同样怀有心事的还有项羽账外的执戟郎中韩信。经过长时间接触，韩信已然摸透了项羽的性情。他知道，项羽定会将自己的满腔怒火，都发泄到章邯的身上。

这次跟随项羽北上救赵，是项羽向楚国证明自己的机会，也是韩信向项羽证明自己的机会。项羽会让楚国洗刷掉对自己的所有歧视，韩信也会让项羽对自己刮目相看，走上人生巅峰。

执戟郎中？这绝对不是韩信的梦想。

第四章

亡秦岁月

1. 起兵钜鹿

韩信能猜透项羽的心事，可项羽却不知道韩信的凌云壮志。

话说回来，项羽也不屑关注一个折戟郎中有什么梦想。此时的他，正为即将到来的战斗而兴奋不已。

他的兴奋，并非是为楚怀王卖命，而是终于有机会面对项氏家族的仇人。

章邯，就是杀害项羽叔叔项梁的仇人。而章邯麾下，包围邯郸的大将王离，正是杀害项羽祖父、楚国大将项燕的王翦之孙。项羽摩拳擦掌，他只等上将军宋义的一声号令，便可驰马冲入敌军阵营，手刃项氏家族的仇人。

“将军，您且忍耐，我看上将军宋义似乎并无出击的意思啊。”韩信看着摩拳擦掌的项羽，在一旁冷静地分析道。

项羽不以为然道：“你个小小的执戟郎中懂什么？兵贵神速，谁不想建功立业？”

韩信分析道：“敢问将军，宋义上将军召见您了吗？给您传达过命令吗？您是楚军里当之无愧的第一，若要出击，他必定会找您一同商量吧？我看，不如您主动对宋义上将军施压，询问他的军事计划。”

项羽摆摆手，道：“勿要聒噪，你且跟随我建功立业便是。”

无论韩信说什么，项羽都听不进去。无奈，韩信只好退到一边，不再言语。

就在项羽跃跃欲试之际，上将军宋义突然下达了一道命令，让全军在安阳安营扎寨。

这一停，便是遥遥无期。

韩信心里暗自高兴道：“这下子，你该佩服我的远见，重视我的建议了吧？”

暴脾气的项羽忍着性子，每日都等候宋义的出兵命令，可宋义就是不为所动。终于，项羽在第四十六日爆发了。

那是一个极为寒冷的早晨，项羽得知宋义依旧没有出兵的意思，于是愤怒地闯入宋义大帐，一剑砍了宋义的头。

宋义虽为上将军，却没有一点反抗项羽的能力。而项羽杀掉宋义，也不是因为发泄私愤，而是要取宋义而代之。

战争尚未开始，项羽却先斩杀了己方上将，这实在是说不过去。怎么办呢？项羽想到一个好办法，他要让所有人知道他有权力斩杀宋义。

于是，项羽拎着宋义的人头走出大帐，告诉身边人，将所有主将召集到大帐前面。

回到帐篷，项羽将宋义的人头扔在桌上。韩信看到项羽拎着宋义的人头，明白了项羽要召集众将军的做法。他暗暗感叹项羽是个将才，杀伐竟然如此果决。

此时的韩信还没想过，自己有一天会走上项羽的对立面。更没有想过，眼前这位有勇有谋的将军，会成为自己的手下败将。

众人到齐后，项羽将宋义的人头扔在地上，道："宋义大逆不道，背楚降齐，我奉了楚怀王的命令，将此贼诛杀！"

那时候，前方和后方的联系并不畅通，所以项羽打出了"奉王命"的旗号，让自己诛杀上将的行为名正言顺。

这些楚国的将军也不是傻子，他们心里明白，不管帐内发生了什么，也不管项羽是否假传王命，事实是项羽已经取得了军队的领导权，他们犯不上替宋义打抱不平。

想到这里，楚国的将军们纷纷提议，由项羽来做楚国上将军，统领楚国军队，前往邯郸救援赵国。

项羽当上楚国的代理上将军后，有的手下为了讨好项羽，纷纷上书楚怀王，请他给项羽"转正"。楚怀王得知此事，自然是愤怒异常，但他已经无法改变局势了。

如果把项羽逼急了，说不定自己的位置也难保。因此，楚怀王只能在众将军呈上的批准文书上签名，然后把赵国、楚国及自己的命运交到项羽手里。

韩信站在项羽身旁，激动地握着长戟。他知道，拥有军队的项羽，就像老虎插上了双翼。他一定会继续攻城拔寨，而自己也会创立不世之功。

想到这里，韩信的内心一阵激动。

再看项羽，他虽喜好杀戮，却不是有勇无谋。项羽知道，他即将面对人生的转折点。

赵王赵歇被困已久，项羽必须让他看到希望。于是，项羽派出了英布和蒲将军前去支援。英布率领的楚军刚到钜鹿城下，就破坏了章邯与王离之间的粮道，让赵人看到了希望。

项羽率军渡过漳河。他知道，自己没有绝对的把握战胜章邯。

如果胜利，自己今后飞黄腾达；如果失败，自己在楚国就再无话语权。是死是活，就在这一遭。

项羽下令，所有人举起大石头，把生火造饭用的锅碗瓢盆全部砸碎，又烧掉了所有的营房大帐，限定每个士兵只带三日的粮食。

做完这一切后，项羽慷慨激昂地说："今日有秦无楚，有楚无秦！我们报仇的机会终于来了！"楚军将士们纷纷高喊着楚国的口号，提前唱响了凯歌。

项羽看着一地碎片，情绪非常激动，道："楚虽三户，亡秦必楚！章邯杀我伯父，王离祖父王翦又杀掉了我的祖父！我项羽立誓，有生之年必要复楚！你们难道不想为楚国枉死的父老乡亲们报仇吗？"

"想！"这番话血性十足，每一名将士都听得热血沸腾，纷纷高声应和。

"你们难道不想拿回本属于我们的土地吗？"

"想！"

"你们难道不是楚国最勇猛、最忠诚的壮士吗？"

"是！""当然是！"

"既如此，便跟着我冲吧！是男人就跟着我奋勇向前！有进无退！有死无生！"

韩信也受到了项羽的感染，跟随士兵们摇旗呐喊，准备与章邯决一死战。

破釜沉舟，就在今日。

2. 战神项羽破釜沉舟

“冲啊！”“杀——”

随着项羽的一声令下，将士们执矛仗戈，争先恐后地向着王离的秦军扑咬而去。

韩信夹杂在这支激昂的队伍中，迎来了他人生中最为残酷的战役。他跟在项羽的乌骓马旁，心中没有丝毫恐惧与紧张。

此时的韩信，满心都是战争胜利后，项羽功成名就、名满天下，而自己则被封为车郎中，一步一步走上权力巅峰。

在项羽的带领下，整支军队都兴奋到了极点。

史书上并没有详细说明军队人数，但根据史情推测，项羽至少率领了十万大军围攻钜鹿。

这十万大军在项羽的号召下，就像一群疯狂的恶狼，扑咬着进退失据的秦军。韩信在这场战役中尤其勇猛，他披坚执锐、身先士卒，渴望将自己最勇敢的一面展现给项羽。

所谓“饿虎口中食，尚何自脱逃”，被楚军咬住的秦兵除了恐惧外，再没有第二种感觉。秦国的三员大将，王离、苏角等看着眼前黑压压的楚军，也逐渐变得绝望。

王离现在唯一的活路，就是期待章邯能率领手下的二十万秦军，与自己合围项羽。如果章邯出兵，项羽的人头唾手可得。

可是王离等啊等，始终不见楚军有阵型大乱的迹象。楚军没有乱象，就证明他们没有腹背受敌，也说明章邯已经放弃了自己，苟且在邯郸城里没有出兵。

王离终于看清了章邯贪生怕死的面目，可为时晚矣。面对项羽的十万虎狼之师，王离没有丝毫胜利的可能。自己能做的，就是在剽悍的项羽面前，死得不要太窝囊。

王离已经明显地感受到了楚军的刀戈寒意，在刺骨的寒风中，悲凉的秦军与复仇的楚军为了国仇家恨，用热血与激情抹去了那一段恩怨。

《史记·项羽本纪》中记载："与秦军遇，九战，绝其甬道，大破之，杀苏角，虏王离。涉间不降楚，自烧杀。"这场战役，楚军全歼秦军。

楚军士兵们打扫着战场，这一战，他们大获全胜，项羽也完成了自己复仇的第一步。

此时，他坐在上席，韩信执戟护卫在项羽身边。得到项羽的命令后，韩信点点头，身披盔甲走到辕门前，高喝一声："诸侯将入谒上将军！"

这些诸侯已在辕门前等候许久了。听到韩信的高喝声，他们纷纷开始卖力"表演"。他们知道，自己此时的表现，将决定项羽分给自己多少好处。

因此，他们争先恐后地闯入辕门，朝着项羽的座位涌去。

为了讨好项羽，他们刚入辕门便双膝跪地，诚惶诚恐地跪地前行。他们不敢抬头仰视项羽，只能低头垂首，齐声高呼"上将军万岁"。

韩信看着这一切，有些嗤之以鼻。自己在战场上厮杀时，他们还不知道躲在哪里求生避死。如今到了论功行赏之时，倒是纷纷跑出来邀功拍马了。

"看着吧，我与你们的表现，项将军都一一看在眼里了！到时候，他定会封赏我，并斥责你们这群拍马的小人！"想到此处，韩信将手中的长戟握得更紧，身子也往前站了一站。

可韩信彻底看错了项羽。与韩信不同，项羽很吃溜须拍马这一套。

只见项羽在上座拊掌大笑，对于众诸侯肉麻的歌功颂德，他也是照单全收。

"韩信，端酒来！"项羽一边笑着向将军们致意，一边招呼韩信给大家赐座上酒，以祝酒会来庆祝这场伟大的胜利。

韩信见项羽叫自己名字，还以为他想起了自己的英勇，想要封赏自己。谁知，项羽只是想让自己伺候这些溜须拍马的诸侯们！

韩信挺直的腰板顿时松了劲儿，他带着一丝不甘，给在场的诸侯们一一倒满了酒。

席间，诸侯们共同举杯说道："我们愿尊奉上将军为诸侯上将军，总制各路反秦兵马，由上将军统一调动诸国军队。"

项羽闻言十分高兴，众位诸侯继续讨好道："若上将军能再展神勇，将章邯斩于马下，我们就尊奉楚国为反秦盟主，执掌六国印，您便是我们的盟长!”项羽哈哈大笑，场面非常欢快。

这一切，都被项羽身后的韩信看在眼里。

此时，韩信还是一名小小的执戟郎中。他没有资格参与这场庆功会，虽然他在战场上比谁都英勇，腹中韬略比谁都多，但他依旧只能做个道具，给上将军增添一点威武荣光。

韩信的表面器宇轩昂、平静如水，但内心却波涛汹涌。

项羽的一切他都想得到。他渴望居上座，将宝剑横在席前，看着台下的众位诸侯对自己俯首帖耳、恭恭敬敬。

项羽的如日中天，让韩信有些羡慕，甚至有些嫉妒。他又一次感叹起自己的出身。如果项羽没有一个好叔父、好出身，或许今日在上将军身后执戟的就是项羽了。

正在享受诸侯们肉麻吹捧的项羽已经有些微醺，他自然不会去想，身后的折戟郎中能有多大的宏图大志。他正忙着接受诸侯的叩拜，享受胜利的果实。

项羽不擅长走进别人的灵魂里，也不知道一个执戟郎中的凌云壮志，更不知道麻雀同样有振翅高飞的梦想。

他不知道，最后终结自己伟大人生的，正是身后这个默默无闻的执戟郎。

可人生的魅力就在于此，你永远不会猜到自己的结局，也猜不到你是谁的终结者，谁又是你的终结者。

3. 沛公定关中

项羽在钜鹿一战封神，可刘邦还在西行关中的路上。刘邦此人虽然温厚，可野心却大。他这一路上，心心念念的都是杀进关中称王。不过，让刘邦没有想到的是，这条看似光明的大路上同样荆棘密布。

秦二世三年（前 207）二月，刘邦率军进攻昌邑，却遭到了昌邑军队的迎头痛击。刘邦心里不服，收编了秦末著名反王彭越的队伍，又收编了一支来自魏国的援军，以万余人再次进攻昌邑，却依然久攻不下。

要知道，昌邑是座小城，里面的守军只有一千余人。刘邦率领万人部队却撞得满头包，这实在是让人笑掉大牙。

刘邦见久攻昌邑不下，便转头换了个目标，进攻中原重镇陈留。

劝刘邦进攻陈留的，便是历史上有名的“酒徒说客”——郦食其。

郦食其乃当世名儒，可刘邦却是出了名的狎侮。俩人见面时，刘邦正斜卧在床榻上，两位貌美侍女跪在地上为他洗脚。

郦食其觉得刘邦不尊重贤人，刘邦也讨厌儒生。可两人酒过三巡后本性毕露，倒是“臭味相投”，成了酒友。

虽然郦食其的行为有些狂悖，但他确实是有真才实学的。他指出刘邦兵寡粮少，需要拿下陈留补充军粮。

在郦食其的配合下，刘邦不费吹灰之力就拿下了陈留。他采纳了郦食其的大跳跃作战策略，不再拘泥于一城一池，而是放眼整个关中地区。

刘邦知道，自己必须先项羽入关中，这样才能名正言顺地称王。

同年三月，刘邦取开封不下，立刻折向东北数百里，在曲遇聚拿下了秦将杨熊的一股秦军。接下来，刘邦又在首席谋士张良的家乡，轻轻松松地拿下了颍川。

同年六月，刘邦的军队杀入南阳郡，南阳郡守军不堪一击，在南叶县被暴打一顿后，南阳郡守逃到宛城闭门不出。宛城的城墙很高，粮食储备也充足。一时间，刘邦也拿这里毫无办法，只能干耗着。

就在刘邦一筹莫展之际，南阳郡的舍人陈恢前来拜谒刘邦，提出了一个双方都能接受的条件：南阳郡的秦军可以全部投降刘邦，但刘邦必须留守南阳。

对于这个条件，刘邦答应得非常爽快。打开了南阳郡的大门，刘邦距离咸阳只有一步之遥。

咸阳以西，南阳以北，大部分都是具备军事防御价值的战略地点。而丹水县、武关、商县、蓝田县等地，虽然具有军事防御价值，但其规模太小，远不如刘邦拿下南阳的战略意义大。

眼看着形势越来越有利，刘邦也越打越开窍了。他开始制定自己的政治路线，同时打出了“诸军所过处，亡得掳掠，违者斩”的口号。

受到百姓的拥戴后，秦兵无不闻风归降。就连秦人也给了刘邦这样的评价，“闻沛公过，秦民皆喜”。可见项羽后来的失败，就在于他站在了人民群众的反面。

夺取关中之路一片光明，刘邦骑在马上笑逐颜开。此时从河北传来一个让他十分震惊的消息：章邯率领二十万秦军，向楚国上将军项羽投降！

刘邦顿时惊诧了，这章邯与项羽有不共戴天之仇，如今竟然被项羽吓到投降！眼看咸阳近在咫尺，眼看自己将得到关中王这个称号，刘邦简直恨得牙痒痒。

咸阳城内，赵高和胡亥同样纠结。明知关外已是烽火连天，明知楚兵已直逼咸阳城下，但双方还不能同心协力、共赴国难，反而尔虞我诈、推诿扯皮。

就在胡亥与赵高相互扯皮之际，刘邦已经率军拿下武关，并私自派人潜入咸阳，找赵高商议。

刘邦告诉赵高，只要自己进入咸阳，就与赵高共分关中。赵高也是个聪明人，他知道秦国已经无可救药了，与其给秦殉葬，还不如给自己留条活路。

秦二世三年（前 207 年）八月，赵高在咸阳宫内发动兵变。自知已走到穷途末路的二世皇帝胡亥绝望自杀，时年二十四岁。

二世皇帝驾崩，赵高从宗室中抓出一个替罪羊，继续担任秦国皇帝。这位秦三世嬴子婴，虽然继承了胡亥的帝位，但赵高以疆土不够为由，将嬴子婴从皇帝降为了秦王。

这位子婴比胡亥有谋略得多，他知道，自己早晚会被赵高杀死，于是与两个儿子合谋，要先下手为强。

即位大典开始时，子婴突然称病不出，赵高实在等他不及，便亲自来到秦王寝宫，请他快点出来参加即位大典。

就在赵高刚进门的那一刻，殿中突然窜出几十个铁甲武士。随着子婴一声“夷赵高三族”，这个祸害秦朝的巨奸便一命呜呼了。

江山易主，风云动荡。

就在咸阳宫内秦王即位、赵高人头落地那一刻，沛公刘邦带领萧何、张良等文臣，率领樊哙、周勃等武将，已经纵马来到咸阳城下。

汉元年（前 206）十月，嬴子婴素车白马，缓缓离开了咸阳宫门，往受降地点驶去。

子婴一离开咸阳，刘邦便迫不及待地进入咸阳。

来到阿房宫前，刘邦几乎花了眼。宫殿里的金碧辉煌、如云美女都叫刘邦目不暇接。正当他流连忘返时，张良和樊哙及时出现，提醒刘邦别忘了安抚秦人。

刘邦这才收了心，在关中灞上召集了所有名士乡绅，告诉他们自己的执政方针——“杀人者死，伤人及盗抵罪”，这就是历史上著名的约法三章。

刘邦的约法三章是非常正确的决定。

刘邦提出约法三章后，咸阳城的老百姓吃这一套吗？当然吃。他们的反应史料这样记载：“益喜，唯恐沛公不为秦王。”

刘邦满意了，秦国老百姓们满意了，这天下还有人不满意吗？有，这个人就是项羽。

他听说刘邦进入关中，大怒道：“刘邦这种奸猾庸碌的小人，有什么资格当关中王？只要我从他手里抢回关中，那关中王就是我的！”

韩信在一旁冷眼观察暴躁的项羽，心里对刘邦又产生了一丝向往之心。能将这位上将军项羽气成这般模样，刘邦该是何等人物啊？

此时，楚国的数十万兵正在向关中奔驰而去。

4. 千古一宴——鸿门宴

汉元年（前 206）十二月，这是一个极为寒冷的日子，北风呼啸，凛冽如刀，楚军大营正驻扎在新丰鸿门。此时，项羽斜卧在大帐的座榻上，下面跪着一个打扮朴素的吏卒。

“你有何事告知我？”项羽头也不抬地问道。

那人跪地上说道：“微臣受左司马的命令，前来密告上将军，沛公野心勃勃，他得到关中后，更加不会拱手让给上将军。左司马说，沛公打算让秦王子婴当关中相，他自己做关中王。”

此人口中的左司马，便是刘邦帐下的左司马曹无伤。

原来，曹无伤早就闻听项羽大名。他觉得项羽比刘邦厉害许多，于是提前叫心腹之臣拜谒项羽，以表示自己的忠心。

项羽原本认为，刘邦为人温厚，平时又跟小混混似的胸无大志，应该是不会与自己争天下的，结果听了来人一番话，差点气炸了肺，道：“这个刘邦简直无赖，这不是看不起我吗？他有什么功劳德行，也配自称关中王？”

局势到了这一步，项羽打算跟刘邦撕破脸，灭掉刘邦。一旁的亚父范增也趁机对项羽说：“这个刘邦，一向贪财好色。可此次入关，他对财物美女一无所取，可见他野心之大，意在天下啊！不除掉刘邦，您的霸业难成，您应当马上攻打他！”

听了范增的话，项羽更加坚定了灭掉刘邦的决心。于是，他立刻下令准备宴席犒赏三军，明日就向西出发攻打刘邦。

刘邦阵营里出了个叛徒叫曹无伤，项羽阵营里同样出了个叛徒，此人便是项羽的亲叔父项伯。项梁死后，项伯便是项羽最亲的叔父，项羽也格外尊敬项伯。

项伯当然不会在意刘邦的死活，他在意的，是刘邦麾下自己的至交好友张良。他不能眼睁睁地看着张良陪刘邦赴死。

于是，项伯连夜找到张良，将这件事的始末告知了他。张良自然不会抛弃刘邦，于是把这件事又告诉了刘邦。

刘邦听闻项羽要判自己死刑，顿时惊慌失措。张良对刘邦说：“此刻，项伯就在咱们营中。您要跟他搞好关系，有这个人在，您就可以逃脱项羽的魔掌。”

与人交际、收买人心一向是刘邦的拿手好戏。他温润如玉、恭敬诚恳地接见了项伯。一边尊称项伯为兄，一边想与项伯结为儿女亲家。项伯被刘邦的“迷魂汤”洗脑，加上张良一直在旁频频诉说刘邦对项羽的赤诚，于是项伯很快就被争取过来了。

项伯回到楚营，就对项羽说道：“这刘邦为楚国建立了不世功勋，如今若攻打他，恐怕会失去人心。”

项羽一向尊敬项伯，也觉得项伯所言确实有理，于是决定让刘邦前来道歉，二人和解。

一旁的韩信冷眼看着项羽，暗叹项羽愚蠢，但他只是个小小的执戟郎中，在项羽和项伯面前又有什么发言权呢？

次日，韩信入帐禀报项羽：“沛公已至辕门外。”

项羽问他：“是谁陪刘邦来的？”

韩信道：“亲骑百人，加上从臣张良、樊哙。”

项羽思考了一下，说道：“告诉沛公，大帐容不下这许多人，只沛公、子房先生入见。”

韩信执戟应答而出。

此刻的韩信内心是十分激动的，他马上就要近距离与心向往之的刘邦说话了，不知道这个刘邦，会不会比项羽更贤明一点？

不多时，韩信在帐前传唤刘邦，刘邦却没怎么注意这位折戟郎中。在刘邦眼里，此人不过是项羽的门哨，没有什么值得注意的地方。

入帐后，刘邦还没等项羽训斥自己，就赶紧毕恭毕敬地为自己辩护：“当初，我与将军同奉楚怀王之命。将军战河北，臣战河南！没想到，我竟然比将军先入关一步，这实在不是我的本意。何况，我对将军一向敬仰，又十分忠诚。如今不知道哪个小人，竟然敢离间我与将军的感情！”

虽然刘邦麾下能耍嘴皮子的人才众多，但他们跟刘邦相比还是要差一点儿。这番话让项羽听得很舒服，他对刘邦的疑心也打消了一大半。

于是，项羽笑着说道：“这都是沛公帐下的左司马曹无伤所说！天寒地冻的，沛公来一趟不容易，不如共同饮宴。”

出卖对自己忠贞不贰的人，这种人怎么可能成得了大器？几千年来，很多人都认为项羽失败得太冤枉，为项羽鸣不平，但其实只要看看项羽不过脑子的言行，就知道他死得根本不冤。哪里见过嘴这么碎、内心完全没城府的大人物？

说罢，项羽命令庖厨烫酒、切肉，供众人欢饮。

看到项羽开心了，刘邦这才长出一口气。刚刚坐定，他就赶紧倒满一杯酒，恭贺项羽援救赵国的不二神功。项羽哈哈大笑，很享受刘邦拍的马屁。项羽割下案上的一块彘肩肉，大快朵颐起来，同时还频频与刘邦饮酒互动。

一旁的亚父范增，看见项羽被忽悠了，顿时气得不行。他给项羽使了好几个眼色，项羽都假装没看见。

范增又把腰间玉佩拿出来，放在手上高高举起，然后重重摔下。到第三次的时候，项羽才给了他一个“稍安勿躁”的眼神。这可把范增气坏了。

范增悄悄离席，找来了将军项庄，说道：“上将军被刘邦迷惑了，你去席间舞剑，趁机杀了刘邦。”

项庄对项羽一向忠心，来到席间跪地说道：“大家这么吃喝没什么意思，不如我来给大家舞一段剑吧！”

项庄拔剑出鞘，在席间舞动起来。项羽看得不亦乐乎，连着喝了好几杯酒。可刘邦和站在一旁的韩信却看出来了，项庄这是要假借舞剑杀掉刘邦。

眼看项庄的剑，离刘邦的桌案越来越近。刘邦汗珠子都要掉下来了。

此时，一旁的项伯站起身来说道：“好剑法，一人舞剑无甚看头，项伯愿与你对舞，以娱声色！”

项伯的凭空杀出，彻底打乱了范增和项庄的计划。

张良大喜，赶忙离席找到樊哙，将大概情况说了一下。樊哙大怒，闯进大帐。众人看见闯入大帐的樊哙大惊，但项羽却细细打量起樊哙来。

只见樊哙怒目圆瞪，眼若铜铃，高如铁塔，壮如铜牛。项羽不由得喝了一声：“好！”

这一声把在场的人全都吓一跳，项羽难道看不出来，樊哙进来是想杀了他的？

项羽当即赐予樊哙酒肉，樊哙也不客气，便就地吃喝起来。项羽再让樊哙饮酒，樊哙抹了抹嘴，说道：“我是个粗人，何惧一杯酒？当初，怀王与你们约定，谁先入关中谁就是王，沛公先入关中，本应称王，可他一向尊敬上将军，不肯称王，封府藏，不敢徇私，只等上将军入关。可如今，您竟敢听信小人谗言，加害沛公，难道您想做第二个秦始皇？我虽然粗鄙愚钝，但也知道这是下策，上将军是不会采用的。”

项羽被说得无言以对，只好叫他坐到张良旁边一同吃喝。

韩信也被刘邦临危不乱的气度，以及他手下能臣良将的风度所吸引。此生若能侍奉刘邦这样的君主，该是何等荣幸啊！

“哎哟！哎哟！”突然，刘邦捂着肚子发出一阵哀号。

韩信知道，刘邦这是要设计脱身了。

果然，刘邦以如厕为名，悄悄离席。在刘邦众人安全离开后，张良大大方方回到项羽营帐中，拿着一对玉璧与一对玉斗道：“沛公不胜酒力，已经回去了。临走前，他吩咐我将一对玉璧献给上将军，一对玉斗献给亚父，请你们笑纳。”

项羽接过玉璧放到桌上，范增却气得将玉斗摔在地上，怒道：“竖子不足与谋，上将军今日放走刘邦，他日我等必将死无葬身之地矣！”

随着范增的一声哀叹，历史即将发生戏剧性的变化。

5. 西楚霸王，汉王沛公

刘邦从鸿门宴上逃出，第一件事就是杀了告密的叛徒曹无伤。如果不是自己在宴会上巧舌如簧，如果不是项伯、张良和樊哙拼死相保，他刘邦早就成了刀下之鬼了。

不过，经过这次鸿门宴，刘邦也算是更加了解了项羽。他知道，只要不激怒项羽，项羽就不会动他分毫。

再看项羽，自从他在刘邦手里接管了关中地区后，便一直处于十分兴奋的状态。他迫不及待地遍寻咸阳宫内的珍宝美女，这让韩信十分不屑。

《史记·项羽本纪》记载道：“项羽引兵西屠咸阳，杀秦降王子婴，烧秦宫室，火三月不灭；收其货宝妇女而东。”意思是项羽杀掉了已经投降的秦王嬴子婴，一把大火烧掉了秦国宫室，并且将秦宫里的美女和珍宝统统运回老家。

这是一种极为愚蠢的做法，韩信知道，别人也知道，唯独项羽目光短浅看不穿。

正当项羽准备衣锦还乡时，一位名叫韩生的名士出面制止道："关中之地，四面都有山河阻挡，且土地十分肥沃。您何不在此地建立都城，成就霸业呢？"

项羽四下打量了一番，发现秦国的宫殿已经被自己烧得残破不堪，于是心里就更想回家了。他对韩生说道："你取了富贵，却不回家乡。就好像夜里穿着好看的衣服走路一般，根本没人会注意到的。"

韩生闻言深觉可笑，便嘲讽道："人人都说，楚人沐猴而冠，徒有其表，如今一见果然是这样。"项羽闻言大怒，当时便下令将韩生给烹杀了。

看到韩生的下场，韩信再也坐不住了。韩生说得没错，秦国正是仗着地缘因素，在西、北、南三面皆无强敌，只有东线面对楚国、赵国、魏国和韩国。但一条长河又将秦国与诸国隔开，易守难攻。此处正是成就霸业的好地方啊！

可项羽却不听良言，还将韩生活活烹杀，实在是一个愚蠢的武夫。刘邦想在关中称王，成就霸业，对秦宫珍宝美女视若无睹。而项羽却对如此绝妙的地缘优势视而不见，只有衣锦还乡这点儿出息，实在可笑可叹。

此时不走，更待何时？

韩信从最初便渴望一飞冲天，可项羽这座阶梯，虽然从外部看去金碧辉煌，可内部早已是"败絮其中"。韩信看穿了这一点，又岂能老老实实地为项羽陪葬？

若换一个阶梯，刘邦自然是韩信的不二之选。

正当韩信苦恼如何离开项羽时，项羽却在谋划另一件大事。在他看来，一个小小的执戟郎中爱去哪儿就去哪儿，他才懒得管。他需要把目光放到那些诸侯王身上。

项羽不是个具有长远眼光的人。他不懂郡县制，也不懂同文同轨。他只想当天下诸侯的老大。他的思维，还停留在讲究合纵连横的战国时代。

很快，分封方案便出台了。项羽先将楚怀王熊心扔到了距离中原千里以外的郴县，又将他的封号改为义帝，夺取了熊心的全部权力。

然后，项羽自封为西楚霸王，定都彭城。

投降到项羽麾下的章邯被封为雍王，魏豹被封为魏王，田都为齐王，赵歇为赵王，已经成为众矢之的的刘邦，被项羽封为汉王。

刘邦的属地在今陕西的南部，以及四川和重庆等地。其疆域范围，与三国时期的蜀汉相当，刘邦定都汉中。

当然，这个计划不是项羽自己想出来的，而是跟亚父范增合谋的。

范增对项羽进言："巴、蜀之地路远且险，进出不便。从前，秦国会把犯罪的人流放到那里。"

项羽非常满意，可刘邦却登时大怒。

刘邦生气情有可原。不管当初自己有没有占便宜，他先入关中是事实。如今，项羽竟然把巴、蜀之地分给自己，还不如亡秦的几个降将，这让刘邦非常气恼。

接到分封令后，沛公拔剑怒道："重瞳（项羽天生异貌，一眼中有二瞳仁）小儿，欺人太甚！我必要与你决一死战！"

萧何急忙上前劝道："大王，您分到了汉中，虽然不太如意，但总比没有土地要强！如果您执意攻打项羽，说不定会送命呢。现在，项羽兵多将广，实力强大。而您的实力不如他，将士也不如项羽的将士骁勇善战。您何不等待时机？"

刘邦听了萧何的话，肚子里的火灭了一大半。萧何继续说道："您再看，我们有巴、蜀两地，作为后方支援。这里交通不便，恰恰证明它易守难攻。加上巴、蜀两地土地肥沃，物产丰富。您何不用心经营，等实力充足了，再挥师北上，以谋霸业？"

听完萧何一番话，刘邦的怒气全消。他立刻决定，带领军队离开咸阳，远赴秦岭。

走到一半，张良对刘邦献策道："大王，项羽一向认为，您有与他争霸的心思。如今，我们不如把连接巴、蜀与关中的唯一栈道烧毁。这样不但能打消项羽对您的猜忌，也可以防止其他诸侯对您的骚扰，您也能在巴、蜀地区安心生产，以图霸业。”

刘邦深觉张良言之有理，于是烧毁了栈道。张良原本是韩国贵族，如今，刘邦已经封王，张良为刘邦献了这一计策后，便启程回了韩国。

此时，韩信再也坐不住了，他渴望随刘邦去往汉中，辅佐刘邦成就大业。于是，他趁守夜的军士不注意，偷偷从军营里溜了出来。

韩信日夜兼程，很快追到了秦岭，可刘邦已经把栈道烧毁了。

韩信看着被烧毁的栈道，不由得仰天长叹：“可叹我韩信，空有一身本领，自幼熟读兵书。想投靠明主，上天却不给我这个机会啊！”

正在韩信长吁短叹时，一个声音从他背后传来。

“您是想去汉中，投靠汉王吗？”

第三部分 北地扬威

第五章

初露锋芒

1. 刑场遇伯乐

原来，打断韩信感叹的人乃是山中一樵夫。

韩信见樵夫不像西楚密探，于是点头道："是啊，可惜我有心无力，栈道已经被烧毁了。"

樵夫一笑，然后道："这又有什么难的呢？我是这山里的樵夫，常年在此处砍柴。我知道这里有一条从陈仓到南郑的古道。您从这里过去，就可以直达汉中，投靠汉王了。"

韩信十分感激，但又怕樵夫有诈，于是问道："你为什么要帮我投靠汉王？"

樵夫答道："汉王仁义宽厚，他在汉中曾与我们约法三章，对百姓可谓是掏心掏肺。所以，我希望有更多的人才投奔汉王。如果汉王能一统天下，我们这些老百姓也跟着沾光。"

韩信听到刘邦如此贤明，心中十分高兴，当下便跟随樵夫从陈仓古道一路前往南郑。

再说项羽，在得知刘邦将唯一栈道烧掉以表示决心后，十分高兴。因为刘邦是项羽最危险却最没有理由杀掉的敌人，刘邦此举，恰恰合了项羽的心意。

当时，齐王田荣以分封诸侯不公为理由，在彭越的帮助下平定三齐，然后招兵买马向项羽宣战，项羽实在无暇分心到刘邦身上。

汉元年（前 206）四月，刘邦带领三万人赶赴南郑。

前往巴、蜀前，刘邦手下有十万兵马，但他只带了三万嫡系士兵。这三万士兵都是刘邦的亲信，还有一些愿意追随汉王出生入死的他国战士。这些战士中，就有韩信的身影。

原来，韩信到了南郑后，就直奔刘邦的军营而去，一名治粟都尉接见了他。所谓治粟都尉，就是军营里专管粮草的军官。

他见韩信仪表堂堂、样貌不俗，便问道："你以前当过兵吗？"

"当过，我曾是项羽帐下的兵丁。"韩信如实回答。

"你在项羽的军中担任什么职务？"

"项羽不懂用人，我在他的帐下是名执戟郎中。"韩信有些羞愧。

治粟都尉听了韩信的话，不由得哈哈大笑道："原来是项羽的侍从啊，我看你的长相，还以为是什么经天纬地的人才呢。你也不必去见汉王和丞相了，就在我营中做一名连敖吧。如果你确实有才能，说不定以后，汉王会封你个大将军当呢！"

韩信大失所望，他以为凭自己的才能，至少能当个都尉。谁想到，连汉王的面都没见到，这个治粟都尉就让自己做了小小连敖。

可失望归失望，韩信还是决定跟随汉王打天下。

对于背楚归汉的行为，韩信也是在被动情况下做的选择。如果项羽能慧眼识人，给韩信一个展示自己的平台，韩信也不会找刘邦讨前程。

何况，韩信"侍奉"项羽多年，对项羽的想法和性格都非常了解。可他对刘邦能了解多少呢？

刘邦帐下，不算张良这个"体制外"成员，就说萧何、郦食其等人，个个都是口若悬河、口吐莲花的文臣。有他们在，韩信想用口才赢得刘邦的注意，自然是难上加难。

除了韩信自己，根本没人注意到他。

想到这儿，韩信变得愈加难过。韩信手下的几名士兵，看到他一副郁郁不得志的样子都觉得好笑，平日里也以饮酒和打趣韩信为乐。

一日，韩信的几名部下喝了酒，又开始打趣起这位连敖来。说到兴起处，几人又多喝了几杯。不多时，一名士兵摇摇晃晃地站起身，打算去方便一下。

他拿着火石，带着醉意，误把粮仓当成了厕所。这士兵打着火石，嘴里还嘟囔着"这厕所真黑"。忽然，几颗火星子迸到粮仓的一个布袋上，大火迅速燃烧，顷刻间便把整个粮仓燃尽。

看到火起，韩信冲出帐外，心下大惊："完了，这回不但前程尽失，还会性命不保！"

原来，巴、蜀两地人烟稀少，土地还没有完全开发。韩信他们看守的粮食尤为重要，为了强调粮草的重要性，刘邦特意下令，看守军粮的部队需施行“连坐法”。只要一个士兵犯错，整个连敖的人都要被处死。

果然，粮仓失火的消息传遍了军营。治粟都尉大惊失色，为了逃避责任，他立刻将韩信与其手下兵丁抓捕起来。这十四个人当夜就被判了连坐，准备第二日问斩。

韩信彻底灰心了，他仰天长叹命运的不公。想自己一腔热血，满腹兵法，千里迢迢从项羽处投奔汉王。如今，却要因为连坐之罪即将处死，这是何等悲凉。

次日，韩信与其他十三名士兵被五花大绑，押赴南郑城外的一片荒地上。当时正是初秋，寒风阵阵。韩信抬起头，看见监斩台上坐了一排官员。其中，有一名高级官员，正是昭平侯、太仆夏侯婴。

韩信眼前一亮，自己有活下去的希望了！这不正是展示自己的好机会吗？

刽子手将刀立在众人面前，一手拎起陶罐，将里面的水缓缓浇在刀上，等待着治粟都尉的命令。

“汉中缺粮！你们却玩忽职守，烧掉粮仓。奉汉王命令，将你们斩首示众，以儆效尤！”

随着治粟都尉的宣告，韩信手下的几个士兵都体如筛糠，纷纷高喊饶命：“大人饶命吧！我们再也不敢了！”

夏侯婴不屑地看着求饶的士兵们，给治粟都尉使了个眼色。

治粟都尉大声说道：“时辰到了！行刑！”

只见刽子手手起刀落，第一个死囚的人头便落了地。剩下的十二名士兵更加恐惧，有的还尿了裤子。他们更加声嘶力竭地求饶，可刽子手的刀却没有丝毫迟疑。

韩信冷静地看着这一切，挺直了腰板没有说话。

终于，十三名士兵全部处死，刑场上只剩下韩信一人。

看着韩信冷静的样子，刽子手有点迟疑了，于是问道：“你死前，连一句话都没有吗？”

韩信看了夏侯婴一眼，深吸一口气，大声说道："滕公！汉王难道不想称霸天下吗？为何要斩杀壮士呢！"

夏侯婴听到"称霸天下"四个字，顿时制止了刽子手。

他有些吃惊，一个小小连敖，竟能看出汉王有称霸天下的野心。于是，他上前问道："你是什么人？凭什么说汉王有称霸天下的意图？"

韩信平静地说道："我乃淮阴人韩信，原本追随项羽，后听说汉王重用贤士能臣，便从关中一路赶来投靠汉王。治粟都尉命我做一名连敖，如今因士兵犯罪要被连坐，实在心有不甘。我自小熟读兵书，看出汉王有称霸天下的雄心又有何难？"

夏侯婴仔细打量韩信，发现此人魁梧高大、样貌不凡。再听他的不俗之语，观他的冷静表现，不由得暗自称奇："想不到，这小小连敖竟有如此气魄与胆识。"

韩信见夏侯婴被自己吸引，继续说道："自汉王起兵以来，一直对百姓仁爱有加。入关中后，又以'约法三章'尽收关中百姓之心。可叹汉王被项羽嫉妒，不得不烧掉栈道。此一来可令项羽掉以轻心，二来可免去其他诸侯的骚扰，三来可励精图治、厉兵秣马，实在是好计谋。如果我没猜错，这定是子房先生之计吧？"

夏侯婴大惊，眼前这位壮士，竟然能把刘邦和张良的计策一眼看穿。他赶紧将韩信扶起，说道："想不到，我在刑场竟遇到一个真正的壮士！"

治粟都尉站在一旁，意识到韩信即将飞黄腾达，于是赶紧让刽子手为韩信松绑。夏侯婴对治粟都尉说道："如今正是用人之际，这个韩信见识不凡，我要将他带走去见汉王。"

治粟都尉哪敢说半个"不"字，赶忙作揖说道："一切敬凭滕公吩咐！"

2. 崎岖蜀道失意人

韩信在刑场上的超凡表现，成功地吸引了夏侯婴的注意力。

夏侯婴将韩信带回南郑后，便直奔刘邦的住所。

门外，夏侯婴让韩信稍候片刻："你在此处等我，我去见汉王。你放心，我一定向汉王极力保荐你。以你的才华，定会受到汉王重用。"

韩信连忙向夏侯婴道谢。

此时，刘邦正在思念张良。在刘邦看来，张良乃是天下最聪明的谋士。如今，张良离开他，回到韩国，这是一件多么悲伤的事。刘邦觉得自己就像失去了一只左手，做什么都提不起兴致。

这时，夏侯婴兴致勃勃地走进刘邦住所，他一进门，便高声给刘邦贺喜："大王！大喜！大王还乡指日可待矣！"

刘邦正坐在榻上，两名貌美侍女正侍奉他洗脚。闻听夏侯婴如此激动，还以为是张良回来了。

于是，刘邦赶紧屏退两名侍女，问夏侯婴究竟是何喜事？

夏侯婴兴奋地对刘邦说："大王，我今日在南郑郊外的刑场上，为您寻得了一位壮士！他魁梧高大，相貌不凡，最重要的是，他从小便熟读兵书，竟然识破了您与张良制定的火烧栈道之计！如此有才华之人，您何不给他个机会呢？"

刘邦一下子泄了气，他满心都是张良，根本没听进夏侯婴的话。但夏侯婴是自己老乡，又是他帐下的一员大将，他只好淡淡地敷衍道："滕公，你要保荐的壮士姓甚名谁啊？"

夏侯婴说道："此人有经天纬地之才，他将大王渴望称霸天下的野心都一一道出，没有丝毫不正确的地方。此人便是——淮阴人韩信！"

刘邦一听夏侯婴保荐的人是韩信，立刻就皱起了眉头，道："这个韩信我知道，他是前阵子来投靠我的一名士兵。原来在项羽帐下当折戟郎中。我让治粟都尉给他安排了一个连敖的官职，谁想到，他竟然玩忽职守，一把大火烧了我的粮仓。"

夏侯婴赶紧对刘邦说："大王，他确实是一个很有才华的人。如今正是用人之际，您何不亲自见见他？"

刘邦有些不耐烦道："韩信连十几个士兵都管不好，还谈什么带兵打仗？罢了，我看在你的面子上，给他个治粟都尉做吧。如果他真有本事，日后我会重用他的。”

夏侯婴本想再说些什么，但看刘邦这副模样，便把嘴边的话咽了回去。

夏侯婴是个正人君子，他对韩信做出了承诺，就一定会兑现。可刘邦对韩信既不喜欢，也不重视，这让夏侯婴有些为难。

出了刘邦住处，夏侯婴看着一脸期待的韩信，无奈地说道：“汉王让你先做个治粟都尉，看看你的能力如何。如果你真的有本事，他一定会重用你的。”

听完夏侯婴的话，韩信脸上是掩饰不住的失落。可转念一想，自己刚刚死里逃生，也不敢有太多的奢求。于是，韩信再次拜谢夏侯婴，径直回了营地。

第二日，刘邦就派人将任命书送达了治粟部队。众人都非常诧异，这个韩信究竟有什么本事？汉王非但没有处死他，反而还给他官升一级？

要知道，军队中的治粟部门是非常重要的部门，尤其是在战争年代。《汉书·食货志上》中记载：“洪范八政：一曰食，二曰货。”可见粮食对古人的重要性。尤其是军粮，正所谓“人无粮不走，鸟无虫不飞”，军粮就像战争的血管，为双方输送养分。若能斩断对方军粮，那这场战争也就不用再打了。

如今，韩信已经当上经济部门的干部，只要他努力奋斗，靠镀金上位并非不可能。

可做都尉，向来不是韩信的追求。他的梦想是披坚执锐，做个平天下的大将军。留在刘邦身边做治粟都尉，跟留在项羽身边做执戟郎中并无本质上的区别。

更让韩信失望的是，自从当上治粟都尉后，竟然一直都未见到刘邦。他原本以为，自己当上了治粟都尉，可以凭自己的实力征服刘邦，让刘邦对自己另眼相看。谁知，刘邦压根就没有召见自己的意思。

怎么办？是一走了之，重新回到项羽身边，还是默默等待与刘邦相见的机会？

韩信很快便下了决定。他要继续留在汉中，如果连与刘邦面谈一次的机会都没有，他又怎么能甘心离去呢？

韩信决定，自己要再给刘邦一次机会。放眼天下，如果连刘邦都不能重用韩信，那他就真要埋没在这历史的洪流中了。

于是，韩信决定默默等待刘邦的慧眼。

谁知，韩信这一等并没有等到刘邦，反而等到了另一个重要人物——刘邦的头号心腹，汉国丞相萧何。

萧何乃是汉国第一重臣，可以说，刘邦的大半江山都是萧何在替他打理。萧何的名声一点儿不比刘邦低。治国安民、制定律法、收籍集册、监督赋税、调度军粮，可以说没有萧何不精通的。韩信所任的治粟都尉，便是由丞相萧何直接管理。

出于这种机缘，韩信才有机会在萧何面前一展才华，继而被刘邦重用。

夏侯婴是位正人君子。他将韩信保荐到都尉官职后，并没有抛弃韩信。汉王对韩信没有兴趣，他便多次对萧何道："治粟都尉韩信有经天纬地之才，希望您能向汉王引荐一二。"

久而久之，萧何也对韩信产生了浓厚的兴趣。就这样，韩信和刘邦没有擦出什么火花，却和萧何产生了奇妙的化学反应。

3."成也萧何"

一日，萧何让韩信陪同视察治粟部队。萧何对韩信说道："我经常听滕公提起你，说你有经天纬地之才。还说，如果汉王要称霸天下，就一定要得到你的辅佐。我不知道你用了什么办法，竟令滕公如此看重你。"

韩信心里感激夏侯婴的保荐，对萧何说道："承蒙滕公错爱，我不过自小熟读兵法，擅长临阵变化罢了。可惜天不遂人愿，我跟随项梁起兵，后又辅佐项羽，一直得不到重用。来到南郑之后，本希望……然而，也没有得到汉王的赏识。"

萧何见韩信言语不俗，话语间又似乎饱含了无尽的意味，于是便和韩信讨论起兵法来。

韩信从小所读兵书兵法，此刻才算有了用武之地。他将万千兵法说得头头是道，经过一番交谈，萧何也被韩信折服了。

汉中荒蛮，竟有如此蛟龙！

萧何心中暗道："这个韩信果然不同凡响，恰如滕公所说，有经天纬地之才。如果汉王图霸天下，就必须要重用韩信啊！"

看着韩信伟岸的身姿，不凡的气度，萧何知道，绝不能让刘邦放过这位人才。

如今，汉在诸侯之中兵弱地寡，若日后想出兵三秦之地，与项羽争夺天下，仅凭樊哙、郦食其等人是远远不够的。

汉中距沛县有千里之遥，且不说萧何愿不愿意在汉中终老，就是那些沛县的将士，都无一日不渴望回到家乡。

可使他们东还之人，必是眼前韩信。

想到此处，萧何便对韩信说道："你确如滕公所说，有经天纬地之才。我会联合汉王的几位重臣，共同保荐你！"

韩信急忙向萧何道谢，他再一次感到，自己将要时来运转了。

萧何怀揣心事，来到刘邦住处，相似的一幕又出现了。

萧何一进门，便给斜卧在榻上的汉王道喜。刘邦问萧何是何喜事，萧何直言道："淮阴人氏韩信，有经天纬地之才，若您想回归故土，争夺天下，就一定要重用韩信啊！"

刘邦一听又是韩信，心里有些不高兴。心想这个韩信是给大家灌了迷魂汤，还是给高官们都使了银子？怎么我身边的人，一个个全为韩信说好话呢？

于是，刘邦说道："前不久，滕公就向我保荐过韩信了，我也已经给他升了官。如今，你又向我保荐他，他到底有什么才能？何况，我已经打探到此人的底细。这韩信原不过是淮阴县的没落贵族，连自己都养不活，只能四处蹭饭吃。他来到我营中，我让他担任连敖，他却纵火烧我军粮，连几个小兵都无法管理，又怎能带领千军万马呢？"

刘邦已经对韩信有了偏见，此刻自然听不进去萧何的话。任凭萧何如何保荐，刘邦都没有松口要见韩信的意思。萧何看刘邦这个样子，只好无奈地退下了。

不几日，萧何又一次请见刘邦，想再为韩信游说。刚进门，他便看见刘邦对着一张地图唉声叹气。

萧何问其缘由，刘邦无奈道："巴、蜀乃贫瘠之地，我们来南郑前，已经将栈道全部烧毁。如今，虽然我有心挥师北上，但没有这个能力啊！何况，我们的将士多是北方旧人，他们来到这片不毛之地，免不了思念家乡，水土不服。我听说，已经有很多士兵和军官逃走了。"

萧何犹豫了一下，说道："是啊，思念家乡倒是其次。有些军官和士兵，看到您被项羽分封到如此偏远之地，料定您已无出头之日，才会各奔前程啊。"

刘邦叹息一声，说道："你可有什么北上争霸的好方法吗？"

萧何点头道："当然有。"

刘邦大喜过望，连忙向萧何请教。

萧何正儿八经地说道："大王，您要想挥师北上，关键要选取一位优秀的将领。正所谓'千金易得，良将难求'，只要有一个优秀的将领，您争霸天下的心愿就能实现了。现在，我就向您推荐一位人才，他便是我的治粟都尉——淮阴人韩信！此人熟读兵法，胸中有无尽韬略，还请大王破格录用韩信，让他升任将军……"

刘邦一听韩信的名字，立刻感到无比的厌烦，他立刻打断了萧何："丞相不必再说了。"

萧何刚一开口就被刘邦打断，心里有些悻悻。

汉营中逃亡的士兵越来越多了。但韩信一直没有走，他一直等着刘邦的召见。可最近萧何一看见自己，便目光闪烁，有时候还躲着自己走。

眼明心亮的韩信立刻明白了，他不由暗想："丞相肯定已经跟汉王说过我的事情，可汉王对我有偏见，认为我出身寒微，认为让项羽身边的执戟郎做他的大将，是一件没有面子的事情。原来，汉王也是个叶公好龙式的人物啊！他不能重用人才，枉费我千辛万苦度陈仓、过汉水，风餐露宿，不离不弃。与其在这汉营中做个小小都尉，还不如投靠东方的其他诸侯，帮助他们称霸天下，这样才能施展一身才华啊。”

其实，以治粟都尉的俸禄，足够韩信在汉中安稳度日。可韩信想要的远不是这些，他就想当大将军。

韩信不想做治粟都尉，哪怕给他月俸万金，他也不要；他想做大将军，若许他大将军之位，月俸三百石也无所谓。如果刘邦不能让他做大将军，他可以继续寻找做大将军的机会，韩信有的，就是近乎偏执的坚持。

天下之大，大丈夫何处不可安身？

想到这里，韩信悄悄打点了行装，准备离开这个让他一次次失望的地方。

4. 萧何月下追韩信

在一个月明星稀的夜晚，韩信带着行囊，背上宝剑，悲凉地离开了南郑之地。

来到城门前，守城的士兵认出了韩信，问道：“韩都尉要到哪里去？”

韩信一看紧闭的城门，便猜到这是萧何和刘邦的意思。他们肯定下了命令，不准士兵和军官随意出城。

于是，韩信对士兵说道：“我奉丞相之命，出城办点事情。”

士兵们都知道，韩信一向与萧何亲近，他又是萧何的直隶部下，于是没有多想，打开城门把韩信放了出去。

韩信一出城门，便策马狂奔起来。他不仅担心刘邦派人捉拿他，还想尽早投靠其他诸侯，让满腹才华有用武之地。

再说萧何。他这几日非常繁忙，汉中士兵军官们走了不少，汉国的钱银赋税、户籍账册都压在萧何一人身上。

正当他忙得脚不沾地时，一名士兵前来报告：“丞相！韩信的铺盖不见了！”

萧何听说此事，立刻叫人牵来一匹快马。只见萧何飞身上马，疾驰而去。

来到城门前，萧何问道：“你们见到韩信了吗？”

守城士兵有些纳闷，但还是说道："一个时辰前，韩都尉说您派他出城办事，已经走了。"

萧何一听，暗道："不好！韩信怕是逃走了！"他来不及交代什么，赶紧对士兵大喊："开城门！我要出城！"

士兵赶紧打开城门，放萧何追了出去。

出了城门，萧何就沿着官道狂奔而去。他知道：韩信此次出逃，肯定是投靠其他诸侯去了，若他投奔了其他人，汉王称霸天下的愿望就要泡汤！

于是，他沿着巴、蜀古道，一路追出去几十里。

另一边，在汉宫里半睡半醒的刘邦，突然被守城士兵打断了好梦："不好了！大王！丞相刚才慌张出城，逃走了！"

刘邦一听萧何逃走了，急得从床上跳了起来。他又生气，又伤心，不由喃喃自语："张良在秦岭离我而去，我失去了左手；如今萧何逃走，我又失去了一只右手。一个人没有了双手，还谈什么称霸天下？"

说着，刘邦从身边拿起一只杯子，用力往墙上砸去。众卫士听到声音跑了上来，只看见刘邦对着一地狼藉独自发怒。

众人不敢靠近，只能留刘邦一人黯然神伤。

萧何当然没有逃走，他沿着古道一路向前，终于发现了韩信的身影。原来，韩信正在路边休息，正好被马不停蹄的萧何追上。

萧何看到韩信，问道："为何要离开？"

韩信叹了口气，说道："我不辞辛苦，一路翻山越岭，渡过汉水，追随汉王到汉中，是想帮汉王夺取天下的，而不是来做治粟都尉的。汉王待宝玉如常珠，待贤士如常人，不能重用我，故而离开。"

萧何挽留道："此言差矣，你留在汉中，还有做大事的希望，我必定全力助你。离开汉王，你放眼望去，还有谁能识得宝玉？项羽吗？你不正是因为项羽不能识人，才从关中逃出，投靠汉王的吗？"

萧何的话恰好说中韩信的痛处，相比其他诸侯，刘邦确实是他最好的选择。如果在刘邦这儿得不到重用，去别的地方更没希望。

韩信说道："丞相所言甚是，但我留在这里，与去别处无甚区别。汉王一次次拒绝我，我已经心灰意冷，如果我能看到一点希望，也断然不会离开的。”

萧何在沛县时，便十分懂得察言观色之术。他从韩信的颓唐之言中，听出了他并不想离开。因此，萧何需要做的，就是帮韩信坚定留下来的决心。

最好的办法，就是让韩信看到做大将军的希望。

于是，萧何走上前去，双手按着韩信的肩膀，斩钉截铁地告诉韩信：“跟我回去，我会让汉王重用你！如果汉王还是一意孤行，我便与你一同离开！”

韩信大为感动，当即决定与萧何回到南郑。

萧何安顿好韩信后，便立刻来到汉宫觐见刘邦。

萧何一进汉宫，便有人跑去给刘邦道喜：“汉王！丞相回来了！”

刘邦大喜过望，鞋都没穿便跑了出来。他一把抓住萧何的袖子，又是生气又是欣喜地说道：“你为何逃跑？”

萧何还没来得及施礼，便被刘邦劈头盖脸地质问了一句。也难怪刘邦如此激动，萧何与刘邦本就一同从沛县出来的兄弟，二人一向形影不离。

萧何对刘邦解释道：“臣不敢逃跑，而是去追逃跑之人。”

刘邦纳闷道：“你去追谁了？”

“韩信。”

刘邦一听，又是韩信。他立刻说道：“你不要哄骗我，自灞上到南郑，一路上有多少军官逃跑？你一个不追，偏偏去追一个都尉？你肯定是想离开！”

萧何摇摇头说道：“大王，逃跑的那些军官，不过是路边的石头，走了也就走了。韩信官职虽不高，却是美玉。顽石易得，美玉难求啊！如今，唯有淮阴人韩信，能助我们称霸天下！因为韩信不世出，所以您不知道他的经纬之才。我若拿古代名将做比，只有孙武、吴起才能与之相较！韩信乃是无双国士，他若走了，是我们的大损失啊！”

萧何见刘邦有些心动，便乘胜追击道：“大王，您被项羽所欺，贬到这南郑荒蛮地，难道不想有朝一日打败项羽，荣归沛县吗？”

刘邦叹气道：“我当然想！”

萧何又说道：“若您只想留在南郑，做个小诸侯，那身边有郦食其、樊哙等人即可。若您想有朝一日，与项羽一争天下，就必须要用韩信啊！如果大王还思念沛县乡亲，还没忘记天下之志，就要任韩信为大将！有了韩信，项羽小儿不足挂齿啊！”

这一番话说得刘邦大为感慨，他问道：“狐死必首丘。我与项羽必有一战，韩信果真如丞相所言，有如此神通？”

萧何斩钉截铁地点了点头。

刘邦沉吟片刻，道：“我与丞相为手足，手足之情安可断也？既然丞相如此力荐韩信，想必此人定有过人之处。”

萧何闻言大喜。刘邦继续说道：“丞相有言，我当从之。那就让韩信留在军中，做一名将军吧。等他立了大功，不用丞相劝我，我必定会重用他！”

萧何一愣，说道：“大王！当年郦食其来的时候，您一边洗脚，一边摘了儒生的帽子做尿壶，当时我就深觉不妥。若您想称霸天下，就要尊贤用能啊！韩信若不是有天下之大才，我又岂敢一而再、再而三地力荐他？今日，您若不任命韩信为大将军，韩信必不留于此啊！”

刘邦不知道韩信究竟有无真才实学，但丞相萧何如此力荐，也让刘邦动了心。

如今，不用韩信还能用谁呢？用韩信，还有一半赌赢的机会，不用韩信，连这一半的成功率也没有了。想到鸿门宴和分封的耻辱，刘邦一咬牙道：“好！那就听丞相的！”

5. 登坛拜将，夙愿已偿

萧何费尽九牛二虎之力，终于让刘邦点了头。

他担心刘邦吊儿郎当的，只是拿此话敷衍。于是，又对刘邦施了一礼，道："大王，您若真心任命韩信为大将军，就必须答应我三点要求：一、选定良辰吉日，拜韩信为大将军；二、您在拜将前，需要斋戒沐浴，以表尊敬贤士之道；三、拜将时，要建一座坛场，用最隆重的仪式，拜韩信为大将。"

刘邦一一答应。他倒不是多么相信韩信有多高的才华，只是怕萧何离自己而去。刘邦答应得如此痛快，也是奖赏萧何一路以来对自己的扶持。至于韩信，刘邦实际上并没有多大兴趣。

为什么这么说呢？因为刘邦答应萧何的要求后，连韩信的面都懒得见，只是让萧何告诉韩信一声，做好登坛拜将的准备。

萧何可不管刘邦是不是真心要拜将，他对刘邦匆匆施了一礼，便火急火燎地将这个好消息告知韩信了。

韩信闻言自然是激动不已，多年的夙愿即将达成，又怎能不兴奋激动呢？

他看着奔波劳碌的萧何，心头一热，缓缓下拜。萧何赶紧将韩信扶起，这一刻，二人已经下定决心，共同辅佐汉王刘邦，做一番惊天动地的大事业。

接下来的一段时间里，汉营里激动的可不止韩信一个人。刘邦建造高坛，准备拜将的消息不胫而走。几乎所有的高级将领都在想："太好了，汉王终于要拜我为大将了。"

于是，将军们各个嘴角含笑。特别是樊哙，他的表情就像自己已经被内定了似的，到处告诉众人大将军非他莫属。郦食其、卢绾等人也是一脸自信，几乎汉营里所有高级官员，都在等着自己万众瞩目、风光无限的一刻。

太仆夏侯婴早就得知消息，此次登坛拜将的主角是韩信。但他看着将军官员们耍宝，也只是笑而不语。此刻，还没到揭开谜底的时候。

登坛拜将当日，汉水畔风和日丽，汉营里开始了阵阵骚动。

汉王和丞相缓缓走来，将士们高声欢呼汉王万岁。其中，最激动的便是樊哙。

他实在是等不及了，若不是身边小厮拉着他，他都要冲到汉王跟前，嬉皮笑脸地跪谢汉王封他为大将军了。

也不怪樊哙如此想。在汉军将领中，唯一有资格当大将军的也就是樊哙。自刘邦反秦以来，樊哙跟随他东征西讨，参加了所有战役，立下了赫赫战功。

也只有立樊哙当大将军，其他人才不会嫉妒眼红。

樊哙正在接受同僚道贺时，一旁的韩信却静静地站在角落。樊哙瞥见韩信的身影，心中有些嘀咕："这个韩信，前段时间犯事差点被宰，幸亏太仆夏侯婴保了他，还当上了治粟都尉。今日他来凑热闹，竟然不向我道贺，真是好不懂事。"

吉时已到，萧何站了出来，手里拿着委任状，看了一眼众人。当他看到樊哙兴奋异常的猴急模样时，差点儿没笑出声来。

"……治粟都尉，韩信！"

当萧何高声念出那个被选中的名字时，台下顿时一片安静，继而一片哗然。

所有汉营的高级将领都沸腾了，凭什么一个不入流的都尉能做大将军？樊哙当大将军是能服众的，可韩信无寸功却能当上大将军，这让大家如何信服？

刘邦也没在意樊哙吹胡子瞪眼的样子，他已经打定了主意，今天无论如何，都要给足韩信面子。于是，他笑着拉住韩信的手，二人一同踏上将坛的台阶。

韩信被刘邦握住的手微微颤抖着，在站到将坛的一瞬间，他知道自己已经成功登上了汉国军界的顶峰。从现在开始，能不能守住这个位置，就要凭自己的本事了！

韩信看向东方，他脑海里出现了很多熟悉的身影。有亭长夫人，有漂母，有让自己受胯下之辱的恶少，也有对自己饱含希望的母亲……

不知道他们得知自己登坛拜将的消息，又会有怎样的心情呢？

韩信此时满腔热忱，他感受着会当凌绝顶的畅快，男儿本色，该当如此！曾经，他哀叹自己时运不济，生不逢时，他感叹未遇伯乐，无人识玉。可如今伯乐就在身边，他执着自己的手，要许给自己一片光明的前程。这是人生快事，怎能不让人激动万分？

拜将坛上，香雾缭绕，铜鼎庄重。太仆夏侯婴双手持弓、矢，按礼制静候于前。韩信已经穿戴好大将军的甲服，他对夏侯婴感激地施了一礼，接过了弓、矢。

此时，汉王与丞相分立韩信两侧，韩信跪在中前。内侍宣读了拜将诏书，并令侍从取来虎符剑印递给汉王。

汉王拿过虎符剑印，转身交到韩信的手中。韩信举着双手，只感觉手中的东西似有千斤重，仿若身在梦境。

不止韩信，刘邦也同样觉得云山雾罩。他与韩信无甚接触，如今却要把汉国的江山托付到韩信手中。

自此之后，天下将变，是非祸福，刘邦自己也不知晓。

台下，樊哙等人还在怒目圆瞪，不甘心地看着台上不卑不亢的韩信。刘邦看着台下将军们满脸都是不服，轻轻叹息了一下。

突然，刘邦厉声对台下诸将说道："以后，军中大小事务，皆由大将军处置！敢违令者！立斩不饶！"

樊哙小声嘟囔了一句，但众将军都不再有二话："是——"

6. 汉王问对，首建大策

登坛拜将结束了。高坛上的人们笑逐颜开，高坛下的人们吹胡子瞪眼。

刘邦看了一眼坛下众人，突然心生一计："不如将韩信的能力考核放到现在，此刻众人都在，韩信若有真本事，就让他尽抖出来，也让樊哙等人心服口服，省得来日在我面前聒噪。如果韩信是个酒囊饭袋，那就让樊哙来治治这个韩大将军。"

想到这里，刘邦轻咳了一声，面带微笑，语气温柔地说道："滕公与丞相多次向我保荐将军，说您有经天纬地之才，实乃国士无双。如今，我被项羽所欺，困在此地不能返乡。我渴望与项羽一战，又自知不如项羽，更缺少大将辅佐。今日得您相助，必能让我夙愿以偿。我虽为汉王，但素来愚钝，还望将军能指点我一二。”

听完刘邦的一番话，韩信立刻明白了，这是汉王给自己出的第一道考题。言下之意便是让自己把本事都亮出来，如果没本事就趁早走人。

汉王此言一出，高坛下的所有人都盯着韩信，想看看他究竟能说出什么话来，值得萧丞相心甘情愿为他奔走。

韩信微微一笑，他一定要在这高坛之上让刘邦折服，让众将军折服。如果今日，刘邦给他打了很低的印象分，那么今后这个大将军之位便是名存实亡。

韩信略微思索一下，对刘邦施了一礼，道：“臣素知，大王早有平定天下之志。臣从项羽处投靠大王，便是看中了大王的鸿鹄之愿。臣愚钝，有一个问题想请教大王。您想东征图霸天下，您的劲敌除了项羽，还有别人吗？”

刘邦有些不以为然，但嘴上还是温和地说：“将军所言不错，我的敌人，舍项羽其谁呢？”

台下的将军们也纷纷撇嘴，心里暗想：这韩信，就会说些废话。

韩信恍若未觉，继续问道：“那么，臣再斗胆请大王想想，大王认为自己跟项羽之间，在英勇、强悍、精良这三点上，谁更胜一筹呢？”

韩信这个问题刺痛了刘邦。

在场的每个人都知道，刘邦根本比不过项羽。可刘邦却没有发怒，而是依旧乐呵呵地说：“这几点，我都不如项羽。”

听到刘邦这么老实的回答，韩信突然跳起来，对着刘邦深深地拜了下去。这个动作把大家都吓了一跳，可韩信却大声给刘邦道贺：“臣恭喜大王！”

刘邦一头雾水地道：“我喜从何来，还请将军赐教。”

韩信含笑说道：“大王自知不如项羽，所以有喜。”

刘邦这下有些生气了，心里不由得埋怨萧何：这找的什么大将军啊！废话连篇也就算了，他还当着众人的面拿我开涮。

再看看坛下，以樊哙为首的将军们都憋着笑，刘邦的心里更加不痛快了。

不过，刘邦就是比项羽的涵养好，他平静地问韩信：“我素来愚钝，还请将军明告于我。”

其实，韩信并非拿刘邦开涮，而是要让他明白“知己知彼，百战不殆”的道理。他在项羽帐前做了这么久的执戟郎，可以说对项羽非常了解。

韩信对刘邦说道：“臣斗胆，大王虽然与项羽相识，但臣久事项羽，比大王要了解项羽得多。还请您听臣细分楚汉王者的优劣。”

刘邦点点头：“将军请讲，我愿闻其详。”

韩信侃侃说道：“项羽此人非常勇猛，就算有千军万马拦住他，只要他高喝一声，千军万马也会被他吓退。可是，他不能重用贤能，再勇猛也只是匹夫之勇；项羽待人仁慈，他的士兵生病，他会流下同情的眼泪，甚至把自己的饭食分给士兵。可到论功行赏的时候，他便舍不得将官爵分封给有功之臣，甚至在不得不封官时，他也舍不得将官印交出。只因制作官印的是块上好的玉石，他便抱着官印不撒手，连棱角都被他磨损了，还是舍不得送出。可见项羽的仁慈，不过是妇人之仁罢了。”

众人听完韩信的分析纷纷点头，刘邦更是满脸笑容，不住地颔首。他一边微笑一边暗想：“没想到韩信竟然有如此见识，幸亏此人归了我，如果当时项羽重用韩信，今日还有我等的生路吗？”

刘邦早听张良说过。那日鸿门宴后，项羽拿着自己送的玉璧把玩良久，舍不得放下。今日，韩信把细节一一暴露，也让刘邦开了眼界，对项羽有了更深的了解。

韩信见自己一番话令刘邦动容，赶紧趁热打铁说：“项羽虽然称霸天下，但已尽失天下民心。当年楚怀王下令，您与项羽谁先进入关中，就封谁做关中之王。可项羽不但将先入关中的您赶到巴、蜀之地，还屠杀了咸阳城的军民。分封十八路诸侯时，他将心腹分到好地方，却把其他诸侯分到偏僻之地，褫夺实权。就连楚怀王也被迁到了郴州。项羽打仗十分凶残，凡是他攻打过的地方，百姓都会被他屠杀殆尽。那些归顺他的人，也只是惧怕他的凶狠，并非真心忠诚。由此可见，强大的项羽很容易变得弱小！”

在座众人都被韩信的言论震惊了，也被韩信的高见折服了。

韩信对刘邦施礼，道："大王，您如果能反项羽之道而行之，那天下尽归大王之手。"

刘邦赶紧请教道："请将军明示，我应当如何做呢？"

韩信说道："大王若将天下壮士尽皆重用，这些壮士便会挥师北上、东进，哪个诸侯都抵挡不住；攻下城池，大王需要将它们分封给有功之人，让功臣心服；项羽手下士兵都是楚国人，他们虽在北方，心却在东方，让您的正义之师攻打一群思乡士兵，必定会一击取胜！"

刘邦赶紧点头称是，这回，他可算彻底服了韩信了。他对韩信说道："将军所言令我茅塞顿开，我真是后悔，没能早日重用将军！将军，若我想挥师北上，平定关中，又该如何做呢？"

韩信赶紧说道："当时，项羽将章邯、司马欣和董翳三个秦国旧将分封到关中。章邯是秦国名将，却欺骗将士投降了项羽。项羽在新安坑杀了二十万秦国士兵，却免了这三个人的死罪，三秦百姓对这三个叛徒恨之入骨。您入关中时，与老百姓们约法三章，老百姓都十分感念您的大恩，都想奉您做关中王。因此，我们不必与他们打仗，只往城里发一篇檄文，关中地区就是您的了。"

刘邦听了韩信妙论，心里大为高兴。他握着韩信的手，说道："我真后悔，今日才重用将军！若能早日用您，想必我今日已平定三秦了！"

看着刘邦欣喜的神色，看着萧何欣慰的眼神，看着坛下众人叹服的表情。韩信知道，自己扬威之日就要到了！

第六章

力撑危局，驰援汉王

1. 明修栈道，暗度陈仓

韩信一番话，彻底收服了汉营君臣的心。当晚，刘邦就把萧何、韩信、夏侯婴等人叫到内室，共同商量挥师北上的计划。

互相寒暄后，刘邦说道："当年，我听从子房之言，将连接关中与巴、蜀的栈道烧毁。如今，我想挥师北上，最难的一件事便是道路问题。如果我们派人去修栈道，那章邯势必提前准备，对我们很不利啊。"

韩信说道："大王，张良建议您烧毁栈道，确实是一条很明智的计策。如果您当初没有烧毁，项羽早已带兵打到南郑了。我们的兵力，目前还不能跟项羽相比啊。"

有几个将领听韩信如此说，纷纷在一旁劝道："大王，我们还是尽快把栈道修好吧！"

刘邦看了看大家，叹气道："修栈道可不是件容易的事啊，我已经迫不及待地想要挥师北上了。可如今看来，也只有鹏生双翼才能度过啊。我现在不考虑项羽，不考虑章邯，只考虑如何才能过得了这道天堑。"

"汉王，"韩信见大家沉默，不紧不慢地说道，"我有一策，可平定三秦之地。"

刘邦大喜，立刻说道："愿闻其详。"

"修栈道。"

刘邦一听，什么？自己没有听错吧？如此严肃的场合，韩信竟然跟自己开玩笑。这栈道有多难修，韩信难道不知？古秦人用了几百年时间，不知付出了多少汗水，牺牲了多少人命，才从崇山峻岭中修出一条古道。如今，刘邦已经年过五旬，他能等到栈道修好吗？

看着刘邦泄气的样子，韩信继续说道："臣的计划是，大王可派出一支军队，大张旗鼓地修栈道，最好放出风声，告诉章邯我们要挥师北上。如此，臣的计划便成功了。”

刘邦尽管纳闷，但也听出了韩信话里有话。于是他沉默不语，等韩信继续说下去。

韩信说道：“汉王南下时，烧毁了栈道，表明自己没有东还之心，章邯不会对大王有所防备，却会防范其他诸侯。如今，大王让章邯知道，您要从栈道杀到关中，章邯必定集结三秦兵力，到栈道另一段严阵以待。如此，三秦之地便没有重兵，我们可趁机绕到他们后面，进而攻之。如此，还怕此仗不能胜利吗？”

刘邦听了韩信的话，心里也有些激动，但他还是纳闷道：“将军所言甚好，但我们又不会飞天遁地之术，如何才能过得了这个天堑，绕到章邯后面呢？”

韩信一笑道：“当初，我从项羽军营来投靠大王时，发现栈道已被大王用火烧毁。万般无奈时，臣遇到当地一名樵夫，他家世代在秦岭一带打柴，对那里的地势极为熟悉。听说我要来投奔大王后，他给我指了一条古道。这条古道可从南郑一路通往陈仓！”

刘邦大喜过望，他立刻对韩信说道：“真是天助我也，是上天赐大将军于我啊！”

韩信赶紧谦虚一番，继续说道：“根据消息，齐王田荣已经统一了三齐之地，与彭越共同抵抗项羽。这正是我们进击关中的大好时机啊！”

刘邦也点点头，道：“只要我们攻下陈仓，就在关中有了立足之地，整个三秦便在我们的掌控之中了！从明日起，由樊哙带领本部士兵，前往秦岭修复栈道，越大张旗鼓越好！韩信负责操练士兵，时刻准备暗度陈仓，打下关中！”

众人领命而去。

第二日，樊哙便带领士兵们，大张旗鼓地向秦岭一带进发。不等士兵休息，樊哙便催促他们抓紧时间修复栈道。

得知樊哙抢修栈道的消息，章邯心里十分着急。当初，项羽将他们三人分封到三秦之地，目的就是盯着这位汉王，不要有什么异动。

如今，刘邦大修栈道，明显就是要进兵关中了！

章邯亲自带领一支队伍，来到秦岭一带查看情况。刚到栈道边儿上，章邯就看见对面的汉兵在樊哙的催促下，不停地伐树，锯木头。

章邯吃惊道："我早就听说，樊哙是刘邦帐下的第一猛将。如今，刘邦派他来修栈道，明显是要从这里攻打关中了！"

吃惊之余，章邯又放心下来。他对部下说："就算樊哙盯得紧，修好栈道最少也要一年时间。这一年里，我们可要做好充分准备，到时候，一定要让刘邦有来无回！"

部下纷纷响应，将刘邦修栈道的事儿放到了一边。

再说韩信。他奉命操练士兵，每日从凌晨练到深夜。不久，韩信认为时机成熟，于是来到刘邦宫中，向刘邦请命："大王，现在时机已经成熟。我带领先锋部队，只需一天一夜便可从陈仓古道直达关中。我出兵的第二天，请大王亲自率领主力部队出发，樊哙将军也需从栈道口撤军，从陈仓古道抵达关中。"

刘邦早就等着这一天了。听完韩信的话，他兴高采烈地说道："大将军放心，一切都由你做主！"

晚上，韩信悄悄将几千兵马集结起来，从古道出发前往陈仓。刘邦也派了快马通知樊哙做好准备。

次日深夜，韩信带着部队到达了陈仓城下。

远远地，韩信看到陈仓城墙上有巡逻的士兵来回踱步，便对部下说："我知道，我们已经行军很久了。可兵贵神速，虽然我们有些疲惫，但还是要一鼓作气，拿下陈仓！如果明天再攻城，就会冒很大的风险，你们有没有信心，在天亮前拿下陈仓？"

部下们对韩信一向信服，这又是大将军出征以来的第一场战斗，于是纷纷向韩信表态，一定奋勇争先，拿下陈仓！

这些部下都是韩信训练出来的精兵。他们不但骁勇善战，而且机敏非常。

士兵们悄悄来到城墙下，将云梯竖好。此刻，守卫们已经打起了瞌睡。几十名汉军士兵摸上城墙。

可怜这些守卫，连发生了什么事都不知道，便丢掉了性命。

这几十名勇士从城里将门打开，韩信带领士兵杀了进去。这些士兵如同下山的猛虎，又像觅食的恶狼。待驻守在陈仓城内的士兵从睡梦中惊醒时，为时已晚。

韩信早就带兵攻占了四座城门，把守住敌人的退路。就在守军们打算起身战斗时，韩信已经把他们团团围住了。

天还没亮，韩信便拿下了陈仓城。

第二天一早，刘邦与樊哙等人带兵来到陈仓城下，抬眼望去，城墙上飘动的全是汉军大旗。刘邦不禁大喜道："韩信果然神勇无双，我们还未赶到，他已经拿下陈仓了！"

2. 还定三秦

陈仓城外，韩信大开城门迎刘邦入城。

刘邦来到城内，笑意盈盈地夸赞韩信道："大将军果然用兵如神，我们主力部队尚未赶到，你就用几千人拿下了陈仓，实在是令人佩服！"

韩信连忙谦虚了一番。

刘邦迫切地想拿下整个关中，于是问韩信道："如今，我们已经占领了陈仓。想必章邯很快就会赶来。司马欣和董翳同为三秦之地的诸侯，也一定会帮助他，我们应该怎么办呢？"

韩信想了想，说道："大王，陈仓是三秦重地。章邯得到消息后，必定会率全部军队与我们决战。章邯号称秦国第一勇士，曾在定陶打败过项梁。您不必考虑司马欣和董翳。只要我们打败章邯，他们便会望风而逃。"

刘邦十分满意，似乎已经看到了攻取三秦的希望。

得知陈仓已被刘邦占据的章邯，不由得一脸错愕："前两日，樊哙不还盯着士兵修栈道吗？怎么今日就拿下陈仓了？他们栈道还有一段没修完啊！"

士兵回禀道："陈仓之南有段古道，直通南郑。因人迹罕至，一直未被人发现。"

章邯脸色苍白："汉军竟然明修栈道，暗度陈仓？这等气魄不像刘邦那几个军师的手笔啊，可是最近得了什么高人吗？"

士兵说道："刘邦新拜了一名大将，名叫韩信。此人原是西楚霸王帐前的执戟郎中。”

章邯虽然惊讶不已，但毕竟是个久经沙场的老将了。他立刻下令：“马上集合部队，攻打陈仓！”

就在章邯集结部队时，韩信已经在陈仓城下埋伏了数千精兵，只等章邯送上门了。

当章邯马不停蹄地赶来时，韩信便下令让士兵们开始进攻。

章邯毫无准备，被韩信劈头盖脸打了一通。他措手不及地指挥士兵顶住，但章邯的军队早就乱成了一锅粥。

韩信身先士卒，汉军冲进章邯的队伍里，就像饿虎闯进了羊群一般，左冲右突，很快便把章邯军队的阵型冲散。

章邯眼看抵挡不住，高喊一声“回撤好畤（地名）”，便率先逃走了。秦军见主将都跑了，一个个更是争先恐后地往好畤方向逃去。

韩信见章邯军队败退，立刻下令士兵全力追击。汉兵们正杀得兴奋，得到追杀的命令后，他们立刻扑上紧追。章邯的士兵只顾逃跑，哪还有心思应战？

不多时，陈仓城前便尸横遍野，血流成河了。

章邯带领残兵，好不容易逃到好畤。往城下看去，汉兵早就排好了整齐的队列，等着与章邯再战一场。

章邯有些绝望，叹息道：“这韩信原不过是项王帐下一郎中，谁料竟有这般本事！”

他再也没有应战的胆色。当初他投降项羽，项羽在新安坑杀二十万秦军；如今碰到韩信，又杀了自己一个大败而逃。章邯知道，刘邦与项羽之间的战斗，自己是没机会参与了。

正当章邯绝望时，一名部下对他说道：“大王，好畤是座小城。如不开战，韩信必会把我们围死。如果开战，我们还有一线生机逃往废丘。废丘有几年存粮，还有我们的兵将啊！”

章邯稳了稳心神，下令开城迎战，退守废丘。

士兵们得到命令，纷纷冲出城门，往废丘退去。韩信手下的汉兵刚打了个胜仗，此时正是士气大振之际，又岂会白白放敌军过去？

他们立刻追咬上章邯的队伍，章邯等人丢盔弃甲，好不容易才逃到了废丘。

此刻，刘邦也从陈仓城追到废丘。

他看到汉军形势一片大好，便想一鼓作气，攻下废丘，彻底打败章邯。

韩信看出了刘邦的心思。他赶紧对刘邦建议道："大王，废丘乃是章邯的都城，兵多将广。章邯只剩下这一座都城，如果我们逼得太紧，反而会让章邯狗急跳墙，让废丘城上下一心。我们与其损兵折将，不如先用一支小部队守住废丘，另外派主力部队到达咸阳，招降司马欣和董翳，攻取三秦的其他地区。时间长了，废丘必定人心涣散，主动向我们投降。就算他们不投降，我们得到三秦其他地区，还怕章邯对我们构成威胁吗？"

刘邦听完连连称是，说道："大将军果然眼光长远。如果我能多几位将军这样的人才，还愁不能平定天下吗？"

说完，刘邦下令招降司马欣与董翳，以攻取三秦之地。

再说章邯丢盔弃甲逃到废丘城，他缩着脖子往城下看了一眼，心里便彻底凉透了。

城外，刘邦的汉军山呼海啸，军纪严明。再看看自己城内的残兵败将，懒懒散散、各怀心事。

这些士兵素质差也是情有可原。当初章邯手下的二十万虎狼之师，已经被他骗去投降了项羽，又被项羽坑杀殆尽了。

如今章邯手里的兵，全都是各路分调过来的杂牌军，哪个国家哪个地区的人都有。他们在章邯手下只为混口饭吃，哪能为章邯卖命呢？

章邯原本还幻想在关中一举吃掉汉军，在项羽处捞得几个赏钱。结果半路窜出来个韩信，当头胖揍了自己一番不说，还把自己困在废丘城内动弹不得，当真是可恶至极。

如今，废丘以西的城池国土全都落入刘邦之手。而刘邦在三秦之地极得人心，想必过不了多久，城中愤怒的秦人百姓就会冲进来，把自己的人头送给刘邦做贺礼。到时候，身边这些将士还会拼死保护自己吗？

章邯看了看东倒西歪的士兵，脸上的绝望之色更浓。

城外，汉军将士们唱着家乡的歌谣。他们在韩信的带领下，每朝着东方走一步，就离家乡更近了一步。章邯看着汉军大旗，心中不停地咒骂着韩信。这一战，韩信的威名恐怕要顺风远飘千里了吧！

可是，此刻的韩信却不在废丘城下。正如他对刘邦所说，废丘不过是一小地，章邯不过一丧家之犬。韩信的目光早已投向司马欣与董翳。

回到大帐，韩信下令：“令中谒者灌婴，攻栎阳司马欣；将军曹参、骑都尉靳歙，攻陇西章平。”

韩信没有下令攻打董翳，因为董翳的封地在关中北部，其实力又非常孱弱。打败了章邯与司马欣，董翳必定投降汉王。

各路将军分遣完毕，韩信令将军周勃为先锋官，带领汉军主力，浩浩荡荡地往咸阳方向行进。咸阳虽然破败，但对刘邦和韩信意义非凡。

“诸军攻城！”

随着韩信的一声令下，周勃带领麾下的沛兵兄弟，高喊着还乡的口号，以山崩地裂之势，冲击着破败的咸阳城。

咸阳城里的军民百姓听说是刘邦的队伍，欢迎还来不及，又怎么会真心抵抗？没费多大工夫，韩信便将咸阳纳入囊中。

不远处，司马欣将这一切尽收眼底。这司马欣虽为亡秦大将，却实在是个两面三刀之人。他看到韩信大败章邯，攻取咸阳，哪还有开城迎战的胆色？

三秦之地，章邯是司马欣的屏障，司马欣又是董翳的屏障。如今，章邯被困，司马欣投降，董翳突然感到了巨大的生存压力。

聪明的董翳没用多长时间，就做出了正确的决定：投降。

就这样，韩信用了很短的时间，便让刘邦从南郑之地一举攻取了三秦。

三秦百姓纷纷额手称庆，韩信的战神之名也就此打响了。

3. 一路向东，重获张良

随着实力的壮大，刘邦愈发地思念沛县的妻儿老父。就在刘邦犹豫要不要回归沛县时，一个好消息传到他的军营——王陵来投靠刘邦了！

原来，这王陵是刘邦在沛县的老乡。刘邦还是亭长时，经常拜访王陵，并以侍奉兄长的礼仪对待王陵。

后来，暴秦无道，王陵率领了一支几千人的部队攻下了南阳。待刘邦一举平定章邯，拿下三秦之地后，王陵看出了刘邦称霸天下的野心，于是便率领部队前来投靠。

王陵来投，刘邦欣喜异常，急忙让他回到沛县，将自己的妻儿老父接到关中。

项羽得知刘邦攻下三秦之地，并派王陵到沛县接家人的探报，登时大怒。当他得知“明修栈道，暗度陈仓”是自己的执戟郎韩信的计策时，更是又惊又诧。回想起韩信曾多次向自己进言，项羽不禁有些后悔。

早知这韩信是个人才，不如早早重用，就算不用，也该杀掉他以绝后患。

后悔无用，他立刻派兵拦住王陵。一方面，他让军队牵制住王陵，令其无法继续东进；另一方面，他又派人将王陵的母亲从沛县抓来当人质，逼迫王母写信，让王陵归降西楚。

可王陵的母亲却是个深明大义的女性。她含泪告诉王陵派来洽谈的使者：“汉王仁厚，又对天下百姓仁爱有加，日后必能做天下之主。还请您告诉王陵，不要背叛自己的良知，一心辅佐汉王，否则我在九泉之下也难以闭眼。”

说完，王陵的母亲拔剑自刎了。

项羽得知王母举动后，当即怒斥其不识好歹，并下令将王母的尸体扔进油锅烹炸。项羽此举彻底激怒了王陵，于是他率部队往东边进发。

为了防止王陵部队向东突进，项羽杀掉了韩王韩成，并封自己在吴中的好友——县令郑昌为新的韩王，掌管旧韩的所有疆域。

刘邦心心念念的张良原本是韩王成的丞相。张良见项羽杀掉韩王成，又封一个县令做了新的韩王，心中愤怒异常。于是，他日夜兼程赶往关中，再次投靠了刘邦。

刘邦见到张良，难掩心中的激动。他热泪盈眶地迎接张良，感慨而诚恳地请他继续做自己的幕僚。张良也万分感动，暗自下了决心，一定要帮助刘邦击败项羽，称霸天下。

早在张良离开刘邦回韩国时，他便料定项羽与刘邦之间必有一战。于是，他一边积极同项羽保持书信联系，告知项羽刘邦并无称霸的野心，一边收集了田荣与彭越密谋反楚的信件，并将信件交给项羽。张良告诫项羽："齐国田荣野心勃勃，霸王应速灭齐国以安天下。"

此一举，便是让齐国的田荣牵制住项羽，给刘邦以机会。

张良再次投靠刘邦后，依旧给项羽写信道："刘邦只想从巴、蜀偏壤之地回归汉中，并不想打到关东与您作对，您当前的敌人依旧是齐王田荣。"项羽行事一向没有原则，做事也不经大脑思考。张良再次骗得项羽与田荣大战，再一次给了刘邦喘息之机。

随着张良的归队，"汉初三杰"正式在刘邦身边会合了。张良见到韩信，立刻生出惺惺相惜之感。当他听说"明修栈道，暗度陈仓"是韩信的手笔时，对韩信更增添了一丝敬佩之情。

同样，韩信也很敬重张良。且不说"明修栈道，暗度陈仓"得益于张良之前的手笔"火烧栈道"，仅是张良在博浪沙，用一只一百二十斤重的大铁锥，险些将秦始皇砸成肉饼的事迹，就足够令韩信折服了。

丞相萧何、谋臣张良与大将韩信，他们彼此敬重，惺惺相惜，在刘邦面前纷纷立下誓言：此生定要追随汉王，平定天下。

正在刘邦决定做一番大事时，董公遮为刘邦带去了一个令人震惊的消息：楚怀王熊心并非不治身亡，而是项羽派人暗中将其杀害了！

刘邦当即决定，全军上下换上素服，为楚怀王发丧。刘邦亲自穿戴重孝，站在全军面前哭道："项羽杀害义帝，我要为义帝发丧三日。"

从此以后，老百姓更加称赞刘邦的仁义，人们也更愿意支持刘邦攻打楚国了。

汉二年（前 205），汉王刘邦决定东征。他从渭河的函谷关出征，一路打到了河南国前的陕县。

河南王申阳面对刘邦大军，陷入了是为楚赴死，还是归降汉王的两难境地。

申阳是个聪明人，他并非项羽嫡系，犯不上当项羽称霸天下的炮灰。但申阳早就听闻，汉王麾下的大将军韩信英勇善战且谋略无双。他担心投降刘邦后，在韩信大将军的伟岸身影下无法得到重用，因此一直犹豫不决。

这时，他听说自己曾经的主人，常山王张耳被人赶出了常山国，投奔关中找刘邦混饭吃了。申阳一琢磨，这张耳光杆司令一个，去刘邦手下都能混碗饭吃，自己手里有兵又有城，投降刘邦有什么丢人的？说不定混得更好呢？

打定主意后，申阳面无愧色地给刘邦呈上了降书顺表。

汉王大喜。得到河南，就相当于得到前往关东的跳板。北可通齐、赵、代国，南可通韩国。得到河南后，刘邦当即决定，除掉项羽新立的韩王郑昌。

用谁好呢？刘邦把眼光投到了韩王信身上。

韩王信是韩襄王之孙，韩国正宗的王室后裔。

韩王信一直生活在大将军韩信的“阴影”下，早就渴望建功立业了。刘邦看出了这一点，当即对韩王信说道：“郑昌原本就与韩国无甚瓜葛，打掉郑昌，你就是韩王了！”

韩王信也不负刘邦所托，一路打掉了郑昌管辖的十几座城池，顷刻间，郑昌就剩了一座孤城。

《史记·韩王信卢绾列传》中记载：“汉王至河南，韩信急击韩王昌阳城。昌降。”

郑昌见实在打不过韩王信，只好灰溜溜地捧着韩王的玺绶，将韩国交予韩王信。

汉二年（前 205）十一月，刘邦正式将韩王信立为韩王，韩王信带领韩国军队，继续随刘邦东征。

形势越来越有利于汉军，刘邦决定带领六十万大军，继续往东攻打彭城。

4. 彭城兵败，汉王遇险

大将军韩信觉得此时攻打彭城的时机还不成熟，于是向刘邦提议道：

“大王，彭城是关东大城，兵精粮足，此时攻打彭城，时机尚不成熟啊！”

可接连胜利的消息让刘邦十分得意，他对韩信说道：“从南郑出兵以来，我们攻无不克，战无不胜。此时，我认为我们已有与项羽大战的实力了，还怕什么呢？”

韩信还想阻止，可刘邦心意已决，韩信也无法再说什么。刘邦将韩信留在关中，自己亲率大军前往彭城。

为何刘邦不让大将军韩信继续出征呢？史料并无相关记载，但无非两种可能。

第一，刘邦不想让韩信把自己的风头全都占去。

第二，刘邦认为自己还不是项羽的对手，不想让韩信过多地抛头露面。他想好好地保护好这把牛刀，以做日后斩杀项羽之用。

当然，这两种可能中，第一种可能性更大。

韩信展露出的军事才能已经让刘邦惊喜到有些忌惮了，可如今正是用人之际，刘邦不会自折韩信这样强大的羽翼。

再看韩信，他虽然觉得时机不成熟，却对刘邦的军事能力比较放心。韩信没有刘邦那么活络的心思，他只想效忠汉王，施展才华罢了。

韩信目送刘邦率领大军离开。想到刘邦即将在关东上演一场大戏，却没有自己的襄助，韩信心里不免有些失落。

在关中，一切行政管理和军需供应都由萧何负责。韩信插不上手，也落得清闲。刘邦离开关中时，也下令由萧何代理汉王。韩信百无聊赖，决定出兵攻打章邯的弟弟章平。

章平哪是韩信的对手，未几，韩信便攻克北地，生擒了章平。

刘邦从黄河北岸进入了河东腹地，将刀剑戳到了项羽的鼻子前。

刘邦想要进入河东，首先要打败秦末的著名反王——魏豹。

此时，魏豹已经失去了魏王的地位。项羽看中了大梁一带，将魏豹赶到了河东，封其为西魏王，替自己看家护院。

当然，魏豹对项羽的安排极为不满。比起繁华昌盛的大梁，河东是个稍微荒凉的地方。当刘邦打到河东时，魏豹眼前一亮：项羽不可靠，要回到大梁，还要靠汉王！

于是，魏豹加入了刘邦的征讨大军，并以迅雷不及掩耳之势，攻杀进殷国境内。殷国是大梁与河东之间的小国，由殷王司马卬把守。

虽然司马卬不是什么著名的人物，但他有个著名的玄孙——编撰《史记》的司马迁。

出于对项羽的感激，司马卬誓死抵抗汉军，可结果却不遂人愿。当他被五花大绑到刘邦面前时，刘邦再一次用出色的外交手腕劝降了司马卬，将殷军归到汉王的阵营中。

正当刘邦准备渡过黄河，向彭城进发时，突然有人前来报告："阳武人陈平，前来投靠汉王！"

刘邦一听陈平来投，顿时眉开眼笑。

这陈平究竟是什么人，竟然能得到刘邦如此高看？原来，陈平也是一位楚汉争霸时代的传奇人物。除了"汉初三杰"外，刘邦身边最重要的人物，就当属这个陈平了。

陈平同韩信一样，原本是项羽的部下，但项羽因司马卬叛乱，迁怒了司马卬的举荐人陈平。陈平闻听项羽已迁怒于自己，生怕这个莽夫会杀掉自己，于是连夜渡过黄河，投奔刘邦去了。

陈平为人儒雅温润，给刘邦留下的第一印象很好。他自幼研习黄老道家之术，学得一肚子计谋。所谓"学得文武艺，货与帝王家"，陈平侍奉的第一位领导，就是魏豹的哥哥——魏咎。可魏咎处庙小难容大佛，陈平寻得了第二位领导，西楚霸王项羽。可谁知，项羽也并非陈平的明主。

像陈平和韩信这样不世出的天才，只有刘邦才能给他们提供舞台。

果不其然，陈平到刘邦麾下后，立刻被封为都尉，留在身边重用。虽然汉军中有些重臣、将军等眼红陈平的受宠程度，时常对刘邦抱怨，但刘邦依旧对陈平信任有加。这也让周勃、灌婴等人大为眼红。

在军事上，刘邦自然不如项羽，但在政治上，十个项羽也不是刘邦的对手。项羽贪婪，对诸侯采取的手段令其大失人心，而刘邦随便一出手，就让项羽变成了外交光棍。

此时，刘邦手里的总兵力将近六十万，加上齐国牵制住的楚兵，刘邦自认为完全有实力拿下彭城。

来到彭城后，刘邦发现彭城竟然没有设防。原来，项羽北征时，只将城内的精兵带走，美女财物皆留在城中。刘邦进入彭城后十分高兴，他不但成了彭城的新主人，还抄了项羽伐齐的后路。

《史记·项羽本纪》记载：“汉皆已入彭城，收其货宝美人，日置酒高会。”

刘邦在彭城花天酒地，大摆筵席，可项羽已经开始对刘邦发起反击。

项羽后路被抄，对刘邦的新仇旧恨已经让他顾不上齐国了。他将伐齐之事交给钟离眜、龙且等将军解决，自己先到彭城对付刘邦。

西楚霸王纵马横刀，率领三万精锐部队，不日便来到彭城。

项羽是当之无愧的霸王。他从城阳出发，经鲁县、胡陵，过沛县、萧县，一路杀到彭城之西。

当时，刘邦在彭城北面设下重兵，但项羽偏偏绕了一大圈，杀了刘邦一个措手不及。

没有韩信率领的汉军，又怎能跟项羽的虎狼之师相抗衡？

就在刘邦饮酒作乐时，项羽已经来到萧县，对士兵们说道：“兄弟们，贼人刘邦，背信弃义，无赖至极！现在，他正残害我们的父老，喝着我们的美酒，难道你们不想把他赶出彭城吗？”

这三万人都是项羽的精锐，也是他的嫡系部队。他们受到项羽的感染，都纷纷摇旗呐喊：“不赶走刘邦誓不罢休！要与彭城共存亡！”

就这样，项羽率领楚军一路冲入彭城西门，才到中午时分，刘邦的近六十万大军，就被项羽三万人悉数赶出彭城。

项羽和楚兵们毫无疲惫之色，他们纵马向刘邦大军追去，很快，刘邦便逃到了泗水河。此时，跟随刘邦的汉军只剩下二三十万人。

缺少韩信的汉军，仿佛没有主心骨，楚军像赶鸭子一般，将刘邦的汉军赶到了睢水北岸。

《史记·项羽本纪》中记载：“汉军却，为楚所挤，多杀，汉卒十余万人皆入睢水，睢水为之不流。”十几万汉军就这样投身睢水，葬身于此了。

当然，项羽根本不在乎这十几万人的性命。他最关心的，就是刘邦去了哪里。

此时，探兵来报："我们已经发现刘邦的踪迹。"

项羽大喜，这回，看你往哪里逃！

5. 韩信出关

项羽得知刘邦下落，立刻动身前去。这一回，不管刘邦如何口吐莲花，他都要斩刘邦于马下！正如亚父范增所言：刘邦不除，后患无穷。

不多时，项羽面前出现了一片空地，空地上是几十个骑兵。正中间的那个人，正是窘迫至极的刘邦。

二人近在咫尺，项羽不由得仰天长笑。他正要策马上前生擒刘邦，却不料，西北方突然刮来一阵黑风。顿时，睢水北岸陷入一片混沌。

此刻本是正午时分，艳阳高照，可顷刻间便如黑夜一般恐怖异常。河边树木被连根拔起，就连房屋也纷纷倒塌。

本来，楚军已占据了绝对上风，可这阵妖风吹得楚军东倒西歪。当天色明朗之时，刘邦早已逃出了生天，不见踪影。

刘邦逃出楚军重围后，打马直接奔往沛县。他打算趁这个机会，将家里的妻儿老父接到关中享福。可惜，当刘邦跑到家中时，却发现家人为了躲避楚军，早早地逃命去了。

正当刘邦一筹莫展时，他突然发现草堆上坐着俩孩子，上前一看，正是儿子刘盈与女儿鲁元。一番询问后，刘邦才知道，两个孩子跟祖父和母亲失散，被人潮冲到了这里。

眼下，刘邦也顾不上寻找老父和吕雉了，他立刻把俩孩子抱上马车，匆匆离去。

刚到下邑县，刘邦就听到了一个坏消息：老父和妻子，已经被楚军捉拿回营。

刘邦顿时欲哭无泪，他已经不敢想象，凭项羽的残暴，会对自己的家人做出什么惨绝人寰的事情。

兵败彭城对汉军的影响是致命的。刘邦带走了将近六十万大军，回来的时候，就剩了他一个人。那些朝三暮四的诸侯也重新回到项羽的阵营，好在萧何和韩信征尽了关中的男丁，再加上断续从彭城归来的残军，才让刘邦恢复了一些元气。

这回，刘邦可是吃了大亏。

彭城惨败，刘邦受到了军事、政治、外交和经济上的四重压力。军事上，他不如项羽更甚；政治上，他大败而归威望下降；外交上，所有诸侯都纷纷倒向项羽。

损失最大的是经济。刘邦此次东征，耗费巨大。可关中正逢自然灾害，粮食大幅度歉收。在关中地区，一斛米的价格竟然炒到了万钱，导致大量百姓饿死。就连萧何也毫无办法。

无奈，刘邦只好下令，允许关中的百姓南下，到巴、蜀之地生存，同时减免百姓赋税，共渡难关。

唯一让刘邦安慰的是，关中有韩信坐镇，至今都未出现叛乱。

提到韩信，刘邦心里说不出的后悔，当初若带着韩信一起东征，岂会是今日的局面？于是，他更加厚待厚赏韩信，生怕韩信这个时候离开自己，另寻明主。

可韩信哪里是如此反复之人呢？他先事项梁，后事项羽，原本也是无奈之举。他在刘邦处获得了重用，哪还会弃刘邦而去呢？

何况，经过一段时间的接触，韩信发现刘邦虽然“狎侮”，但本性还是忠厚善良的。否则，秦人又怎么能对刘邦如此爱戴？韩信虽然不懂政治，却也知道人心向背的重要性。项羽为人残暴，过刚易折，跟随项羽又能有什么好下场呢？

当初，他投奔汉营的目的，无非是想求个好的平台，来施展自己的抱负罢了。

刘邦自兵败彭城，便急于挽回自己的名声。思来想去，他想到了一个人——被困废丘的章邯。拿下废丘，关中之地才算完整。而废丘之兵，又可以弥补汉营在彭城损失的军力，实在是一举多得。

《史记·高祖本纪》中记载：“引水灌废丘，废丘降，章邯自杀。雍地定。”

章邯自杀，保全了最后的颜面。刘邦经过两个多月的休整，又尽收了废丘的楚兵，迫切地打算东上，找项羽报一箭之仇。

这次刘邦学乖了。他亲自去请大将军韩信，命其随驾东征。关中地区只留下萧何驻守，辅佐刘盈。

不过，韩信虽然出关，却没有跟刘邦一起沿函谷关进入河南，而是走了黄河北线的蒲坂渡。为什么呢？因为韩信要替刘邦找两次反悔、投靠项羽的魏王豹讨个说法。

当初，魏王豹满口答应支持刘邦，却在刘邦兵败的时候倒戈，重回楚霸王的麾下。这让刘邦相当气愤。

气愤的不止刘邦，魏王豹也一直跺脚后悔。当初自己一时眼拙，竟以为刘邦能打过楚霸王。结果，刘邦差点儿被项羽拿走小命，而自己背楚附汉的行为，也彻底得罪了项羽。

为了洗白自己，也为了对项羽表达忠心，魏豹立誓要死守蒲坂渡。项羽虽然憎恶别人背叛自己，但考虑到河东地区需要人手，还是决定让魏豹将功补过，继续牵制刘邦。

就这样，刘邦把拿下河东的军事任务交给了大将军韩信。

此次东征魏国的意义重大，不容有失。汉王当即下令：“拜大将军韩信为左丞相，与曹参、灌婴二人，率领汉军精锐东击蒲坂渡！”

原本，左丞相的位置是曹参的。刘邦此举，就是为了提高韩信政治威望，方便韩信用兵。

刘邦率大军与楚军对峙，韩信率精锐攻打河东，这是韩信对刘邦提出的军事建议。河东是进入河北的唯一跳板，只有攻下河东地区，才能进驻河北拿下赵国。

赵国是相对独立的，赵王陈馀既不归顺楚国，也不依附汉王。如果刘邦能拿下面积辽阔的赵国，那汉国的纵深就扩大了，也能从北侧牢牢地压制住楚国。

韩信出发前，他对这位西魏王魏豹并不了解，他询问了出使魏国劝降的郦食其，郦食其只说，魏豹后宫有个姓薄的女子甚美，颇得魏王宠爱。

可韩信却对魏豹的私生活毫无兴趣。他问道："我听说，魏国有个名将叫周叔，此人英勇善战，请问他比我如何？"

郦食其告诉韩信："我在魏国时，并没有看到周叔。魏国的大将是柏直。"

韩信闻言一愣，继而哈哈大笑。

如果魏国的大将是周叔，韩信可能还会稍微重视一下这场战争。可魏豹竟然用柏直做大将，简直是昏愦至极。

看到韩信如此自信，郦食其也不由得欣喜万分。

当初，刘邦派自己二次说服魏豹，魏豹却软硬不吃，反而辱骂自己和刘邦一通。此时，若韩信大败魏军，也能向魏豹证明，当初自己劝告魏豹那些话是对的。

问清了魏军底细，韩信便与郦食其告别。他站在洛水东岸，远远地望向东方。

风卷云舒，波涛翻滚。韩信缓缓抽出手中的宝剑，饶有兴致地看着这三尺寒光。这是自己被拜为大将军那日，汉王亲手赐予的兵器。

接下来，自己又会创下怎样的不世之功呢？

第七章

东征西讨，扬威河东

1. 声东击西，木罂渡军

得到刘邦的将令后，韩信便带着士兵，从荥阳一路来到黄河渡口。魏豹见刘邦派来攻打自己的是韩信，赶紧命令下属们打起十二分精神，守住渡口，不让韩信过河。

见魏豹做好了充分准备，韩信一时也想不到渡河的好办法。

韩信带着军队，在黄河渡口盘桓了数日。一些将领着急道："大将军，我们为何还不渡河，与魏豹的军队大战一场啊？"

韩信指着对面森严的魏军，说道："你们瞧，魏豹早已派柏直做好准备，要与我们大战一场了。他们的军营绵延数里，对面的旌旗数不胜数。如果我们强渡黄河，一定会被魏军用箭矢射成刺猬的。"

一名将领不服气道："大将军，我们是将士，征战沙场、马革裹尸也不应皱一下眉头！您若担心自己的性命，那就由我带领将士们，强渡黄河，为您开路好了！"

韩信笑着说道："将军勇气可嘉，可带兵打仗，光靠勇气是不够的，还得靠脑子。请你少安毋躁，用不了多久，我们就能在黄河对岸大摆酒筵了。"

众人见大将军一副悠然自得且自信满满的样子，纷纷露出疑惑的表情。

如今，连河都过不去，还谈什么大摆筵席呢？

可韩信素来用兵如神，众人也只得将疑惑咽了回去。当夜，韩信将一名将军召到帐内，私下嘱咐道："我拨给你一些士兵，你带他们日夜兼程，赶往夏阳，砍伐树木。之后，你们将砍来的树木就地制作罂缶（一种木质小罐）。记住，此事万万不能让魏军知道。"

这位将军虽不解韩信的意思，但还是奉命前去夏阳了。

第二日。韩信派士兵们大张旗鼓地张罗船只，将黄河渡口摆得满满当当。汉军将士们知道韩信要与魏兵大战一场了，纷纷加紧训练。

柏直看着韩信搜集船只，心里暗自高兴：“哼，我就说韩信若想东伐，就只有强渡黄河这一条路吧？等你们渡到黄河中央时，我再突然下令放箭，看你们往哪儿逃！”

柏直命士兵加紧赶造箭矢，准备迎战韩信。

韩信的将领们看到柏直大军赶造弓箭的样子，这才佩服韩信的远见。之前催促韩信强渡的将士们也急忙向韩信汇报：“大将军，柏直果然命令将士们赶造弓箭，看来，他真的打算等我们渡河时放箭射杀我们，我们该作何打算啊！”

韩信看着将领们焦急的样子，笑着说道：“各位不要担心，我自有办法对付柏直的箭矢。我们先去看看搜集来的船只吧。”

说完，韩信便胸有成竹地走了。众将领摸不透韩信的想法，只能跟着他来到渡口。到渡口后，韩信看着满满当当的船只，说道：“这些船只恐怕不够啊，魏兵在黄河对岸摆了那么大阵仗，我们必须将士兵全部渡过，才有战胜他们的可能。”

于是，韩信又命令一名将士，带着几百个士兵砍树造船了。

柏直看见韩信嫌船不够，还要造更多的船，不由大喜道：“这个韩信！竟打算让全部士兵渡过黄河！这回，我还不打你个全军覆没？”

于是，柏直也派遣了更多士兵赶造弓箭。

北方的深秋十分寒冷，这天晚上，天气阴沉得可怕。韩信暗道时机成熟，于是下令道：“留下一支巡逻兵，其余人跟随我到夏阳去！”

众人一听，非常不解纷纷问道：“大将军，我们去夏阳做什么啊？如今月黑风高，我们何不趁机坐船渡河呢？”

韩信见众人不解，于是解释道：“我要各位赶造船只，无非是迷惑柏直。我的真正目的，是从夏阳渡过黄河，直取安邑县。夺下安邑后，我们便在黄河对岸有了落脚之地。到时，各位还怕柏直不成？”

众将士一听，立刻对韩信的军事天才表示佩服。可问题又来了，没有船，他们怎么从夏阳渡过黄河呢？

韩信再次一笑道：“我早已派人在夏阳准备了无数罂缶，挂着罂缶的木筏目标小，浮力大，既安全，也不会被柏直注意。我们秘密渡河，奇袭他们！”

众人暗叹韩信智慧举世无双，纷纷率领本部兵马，与韩信一道赶往夏阳。而驻守黄河渡口的守军，也收到了韩信的命令：一定要继续造船，摆出汉军必从蒲坂渡渡河的架势。

当初，韩信将樊哙留在南郑修栈道，这次，又该派哪名大将迷惑柏直呢？《史记·曹相国世家》中记载，曹参当初是过了河的。可《灌婴传》中，却没有灌婴渡河的记录。由此看来，韩信应该是将灌婴留在了蒲坂渡。

再说韩信率军一路奔波赶到夏阳后，发现河边果然停着许多挂着罂缶的木筏。韩信当即命令，备好干粮，星夜行军，直取安邑县。

这是一个阳光明媚且风平浪静的日子。大将军韩信下令："每五十人乘坐一只木筏，尽可能少带东西，减轻负重。每只竹筏南北两侧的士兵，要备上划桨，催使木筏向黄河东岸进发。"

韩信先带领几十名亲兵，踩着浅水登上木筏。汉军士兵跟随韩信的脚步，纷纷在木筏上坐定。只等大将军一声令下，众人便浩浩荡荡地划进黄河。

虽然汉军没有用过这样的交通工具，但天公作美，众人又击敌心切。很快，韩信率领的汉军便悉数来到安邑城下。

列好阵队后，韩信叫士兵对城里喊话："我们是汉王韩信的部队！蒲坂渡柏直的军队已经被我们打败了！你们赶紧打开城门投降吧！"

安邑城里的守军闻听韩信的威名，又听到柏直的大军已被打败，哪还有心思抵抗？驻守安邑的将领叹道："唉，韩信能带兵顺利到达安邑，可见蒲坂渡的大军真的被打败了。我们安邑兵少城小，还是赶紧投降吧！"

就这样，韩信没用一兵一卒便占领了安邑。

有了落脚点后，韩信迅速带兵，直接扑向柏直的后方。韩信都追到柏直的眼皮子前了，柏直还盯着黄河对岸造船的汉军大笑着："你们就抓紧时间造船吧！我的弓箭早就准备好了！"

谁料，这话音还没在黄河上散去，韩信便带着军队向魏兵杀来。

柏直大吃一惊，手忙脚乱地指挥军队作战。可此时哪能给柏直排兵布阵的机会？不多时，柏直便放下武器，率魏军投降了。

直到投降的那一刻，柏直还不甘心地念叨着："难道这韩信……真的是从天上降下来的吗……"

2. 一举灭代国

汉军在韩信的带领下一路西进，直逼西魏宫。

现在，摆在魏豹面前的只有三条路：第一，自杀殉国；第二，跪地投降；第三，强行突围。

第一条是不可能的，因为魏豹没有自杀的勇气。第二条好办，可自己曾在郦食其面前大骂刘邦，刘邦不杀了自己才怪。现在，可行的便只有第三条。

汉二年（前 205），汉军与魏军在平阳相遇。韩信微笑地下达了命令："今日不虏魏豹，就是有愧汉王对我们的信任！兄弟们！冲啊！"

得到韩信的总攻命令，汉军如猛虎下山，向魏军杀来。魏军被打得鬼哭狼嚎，魏豹成了光杆司令，能逃到哪里呢？

《史记·淮阴侯列传》记载："信逆虏豹。"

韩信轻轻松松捉拿住魏豹，并将他押赴关中，交给刘邦。

五花大绑的魏豹被塞进了囚车，与他一同去关中的，还有一个女人——魏豹的宠妃薄姬。

来到关中后，刘邦看到了捆得跟个粽子似的魏豹，恨不得杀了他。

可他又想到了大将军韩信的话："优待魏豹，不要让诸侯们不敢重新投靠您。"

刘邦换上笑脸，亲自给魏豹解了绑。魏豹感动得直掉泪，表示自己以后绝对忠于汉王，再无二心。刘邦听得直撇嘴，但还是微笑地接过了魏国的户籍账册。

至此，西魏国五十二县，尽归刘邦之手。

"真没想到，这个韩信竟能攻破西魏。想想我被陈馀攻破都城，也到了山穷水尽的地步。不如，去投靠刘邦算了……"

韩信逼降柏直后，赵国的丞相张耳坐不住了。

原来，张耳在钜鹿之战后，便跟随项羽举兵反秦。项羽将其封为常山王，管理赵国。

然而，项羽虽封了张耳，却也给他留下了一个隐患，那便是陈馀。

陈馀原本是赵王歇的大将军。钜鹿之战后，他跟丞相张耳发生了矛盾，于是放弃将印，带兵跑到南皮打鱼狩猎去了。

秦国灭亡，项羽将张耳封为常山王，却只封陈馀做了南皮县令，陈馀恼羞成怒。

在陈馀看来，张耳不过是赵歇之臣。如今，赵歇只能在代国当代王，可张耳竟敢在赵地称王，实在是不忠不孝至极。于是，陈馀一直秘密与田荣接触，打算对张耳发动攻击。

张耳自从被封为赵王后，便日日歌舞升平，全然忘了现在还是战乱时期。田荣和陈馀的部队长驱直入，很快将张耳的都城襄国攻破。张耳见大势已去，又兼之韩信英勇神武，便有了开头那一幕。

张耳干脆率军逃到了关中，投奔汉军去了。

另一边，陈馀攻下了襄国后也没闲着。他日夜兼程，亲自带人从代国接回了赵王歇。

陈馀见到赵王歇，扑通一声跪倒在地，声泪俱下道："大王！这段时间，您被项羽和张耳欺负，让您受苦了！我已经攻破了襄国，赶走了张耳，请您回归故国吧！赵国的百姓们实在是想念您啊！"

赵王歇被陈馀的忠诚打动，他扶起陈馀，与他一同回到赵国，重新做起了赵王。而陈馀则接替了赵王歇，到代国做了代王。

可陈馀又能是什么好人呢？他将代国丞相夏说留在代国，替自己管理代国事宜，而自己则以辅佐赵王为名，牢牢把控住了赵国的军政大权。

在陈馀手中，赵王歇不过是安抚百姓、收买人心的傀儡罢了。

张耳被陈馀打败，又听说陈馀将赵王接回，好事全让他占了，实在气愤。于是，张耳主动请命，要跟随韩信攻打代、赵二国。

刘邦一寻思，说道："很好！你本就是常山王，赵国也是你的封地。今日，你便去跟韩信大将军汇合，共同领兵攻伐代、赵。若能将赵国攻下，我就封你当赵王！"

张耳一听，刘邦就是比项羽强，不但放心让自己带兵，还要封自己当赵王！

于是，张耳喜极而泣地拜谢了刘邦，匆匆带兵往西魏而去。

韩信得知刘邦派张耳来辅佐自己后，急忙派人到三里之外迎接。张耳受到韩信礼遇，心里十分感动。

他一进大帐，便握住韩信的手，道："大将军啊，陈馀与我有不共戴天之仇，现在又挟持了赵王，好事儿全让他占了！您一定要帮我报仇雪恨啊！"

韩信早就听说了张耳与陈馀的恩怨，于是安抚张耳道："您放心，我韩信定会挥师北上，消灭陈馀，替您讨回公道。如今，还请您将赵王与陈馀的详细情况告诉我……"

一番商谈后，韩信立刻召集了汉军将领，言道："各位！陈馀小人，袭击张耳后便挟持赵王留在赵国。如今，代国由夏说驻守，兵力较弱。我们先攻击代国，再从井陉口穿过太行山，直攻赵国，诸位以为如何？"

将士们纷纷颔首赞同，张耳提议道："我们应当攻打代国巩固后方，然后再全力攻击赵国。可代国地处北方，民风向来彪悍，我怕汉军将士们吃亏啊。对了！代国士兵有个弱点，就是个人能力很强，但配合很弱，大将军不如利用他们这个弱点？"

韩信略一思考后，笑道："看来，我们应当诱敌深入。先让他们抢夺我们故意设下的'战利品'，然后再使一支伏兵出击，出其不意地消灭他们。"

众人一听，韩信竟能在如此短暂的时间里，想出如此绝妙的办法，于是对韩信更添了一分佩服之情。

汉三年（前 204）九月，韩信率兵攻打代国。代国丞相夏说闻听大将军韩信亲自领兵作战，不敢懈怠，赶紧率领代国大军出城迎战。

可谁知，到了阵前没看见韩信，倒看见了赵国的"叛徒"张耳。夏说下令出击，两军刚一接触，张耳便让几千士兵丢下武器和辎重，逃命去了。

代国士兵们一看张耳败逃，赶紧一拥而上。但他们没有追杀张耳，而是纷纷抢夺起地上的战利品来。

夏说见状，叹息一声，赶紧出言阻止道："不争气！这是何等出息啊！还不快快保持队形！"

抢红了眼的代兵们哪还听得进去夏说的话，他们只顾乱哄哄地抢夺地上的物品，揣进自己的口袋。

不远处，韩信见代兵已经大乱，赶紧下了命令："时机成熟！伏兵们！攻击！"

话音刚落，早已埋伏在代兵周围的汉军，如潮水一般涌向代兵。夏说大惊失色，急忙组织兵力迎战，可代兵早已被汉兵冲散。

眼看大势已去，夏说仰天长叹："我夏说，竟要成亡国之臣了！韩信，韩信！我投降，只求你不要伤害我的士兵！"

韩信看见夏说投降，便命令汉军停止攻击。

夏说将代国军队交给韩信，又命令打开城门。代国将领们看到夏说投降，也纷纷扔下手中的武器，拜倒在韩信面前。就这样，韩信的军队一举攻取了代国都城。看着韩信俊朗的面容，伟岸的身躯，夏说不由叹道："有将如此，怕这天下，以后便是刘邦的了……"

3. 李左车献计

攻破代国后，韩信便派出很多哨兵在井陉附近蹲守。他还派出了不少探子，潜入赵国，观察赵军动向。

正当韩信制订军事计划，准备攻取赵国时。"报——"一位从荥阳赶来的哨兵跪倒在韩信面前。

韩信一看，此人是刘邦派来的亲兵，不由得纳闷道："咦，大王是要给我增兵吗？"

来人有些尴尬，随即道："启禀大将军，大王……大王请您调最精锐的部队回荥阳，以备防楚之用！"

"啊？"韩信一愣，这不是胡闹吗，临时抽调兵力南下，自己手里无兵，还攻不攻打赵国了？

"大王交给张耳的三万精兵，不是已经回关中了吗？"韩信问来人道。

来人为难地点点头，回答道："是，已经回去了。大王这次，要的是您在关中练出来的那些兵。"

这些兵可是韩信的嫡系，是他亲手训练出来的。他们跟着韩信东征西讨，屡建奇功，汉王怎么能将这些兵调回荥阳呢？

韩信心里隐隐觉得不对，但出于对刘邦的忠诚，他还是将这支军队交给了刘邦。

《史记·淮阴侯列传》中记载道："汉辄使人收其精兵，诣荥阳以距楚。"可见，刘邦是怕这支军队只对韩信忠心，而不对自己忠诚。

刘邦现在需要限制韩信的兵权，防止日后韩信坐大，威胁到自己的地位。

韩信也看出来，刘邦对自己很不信任，而且还有些忌惮。但他却有些自豪，毕竟刘邦是不会忌惮一个庸才的。

"只要我足够忠诚，汉王就会对我放心。"韩信如此劝慰自己道。

可没有顺手的兵将，自己又该如何攻打赵国呢？

汉二年（前 205）十月，陈馀已经得知，韩信将从井陉口对赵国发动攻击。井陉口是当时极其重要的战略之地。

当初秦始皇在东巡途中身亡，就是从井陉口入的咸阳。如果封住井陉口，秦始皇的尸身就会腐烂发臭，来不及下葬了。

陈馀在井陉口安排了重兵把守，自言自语道："我占据此地，汉兵一个都别想通过！不是说，这大将军韩信用兵如神吗？我今日倒想看看，你怎么突破井陉口！"

是啊，韩信应当如何用兵呢？他陷入了沉思。

井陉口不像南郑栈道，还有陈仓可以暗度。这里是天险，如果陈馀派兵守住这里，自己也就只有两条路可走了。

要么，强行突破井陉口，跟陈馀大军硬碰硬；要么，南下退守关中，与刘邦一同防备项羽来袭。

从大局考虑，南下退守显然是不符合汉军整体利益的。如果退守关中，万一陈馀和项羽双方夹击，汉军就危险了。

如果自己能拿下赵国，让汉国的战略纵深延长，那么与楚军作战时，也就能化被动为主动了。

韩信暗下决心："攻赵、平燕、收齐、定楚，这个战略方针不能变！哪怕驻守井陉口的赵军有二十万，也要啃下这块硬骨头。"

韩信站在营帐外，遥望着远处的井陉口以及巍峨的太行山，他心里升起了一股豪情。

俗话说，兵不在多而在勇，只要谋略得当，就能以少胜多。虽然打算强攻，但韩信还是要运用智谋的。

他蹲在沙盘前，将所知的各种战术逐个进行演练，遇到不合适的战术便立刻放弃，遇到稍微可以的，便继续进行演练。

没人敢打扰韩信，大家都知道，现在到了关键时刻。汉军能依仗的大将，只有韩信了。可正当韩信演练得如痴如醉时，一个哨兵如风般地闯了过来。

“报！大将军！赵军有最新动向！”

大家都瞪着哨兵，心中暗道：真是不长眼，没看见大将军正用心思考问题吗？

韩信也皱着眉头：“什么事啊？”

哨兵也顾不得察言观色了，他焦急地说道：“启禀大将军！广武君李左车对陈馀献策，陈馀扼守井陉口，不战不和。他亲率一队人马抄小路，截断我军粮道，等我军断粮后，他们再里应外合……”

“什么！”韩信大惊。

这个李左车到底是什么来头，竟然能出此好计！

韩信脑袋里浮现出这样一幅画面：

李左车站在大殿上，对赵王歇献策：“韩信、张耳不足为虑，他们有一个致命的弱点，便是缺粮！河东本不是汉军属地，韩信远征到此，军粮都得从关中运输！这数百里粮道如果被封住，韩信大军无粮，必得有所活动。可他进有陈馀将军驻守在井陉口的二十万大军，退有微臣截断粮道的三万精兵。如此，韩信、张耳必死。汉军无大将，也不敢再攻打赵国了！”

想到此处，韩信出了一身冷汗。他完全忽略了远征之军粮草为上的重要性。他满心想着，自己必定是楚霸王项羽的克星，却没想到，广武君竟然是自己的克星！

正在韩信汗流浃背、失魂落魄之际，前来禀告的哨兵心里却暗自发笑。他慢吞吞地对韩信说道：“大将军，在下的话还没说完……”

韩信一愣，道：“什么？”

哨兵忍不住笑道："李左车之计，已经被陈馀否定了。"

"这是为何？这是一条必杀之计啊！"韩信有些不可置信。

"启禀大将军，那陈馀信奉儒术，又常以儒者自居。他驳斥李左车之计是阴谋诡计，不配为仁义之人所用。此外，他认为汉军兵少，赵国兵多，赢我们是必然的。因此，他不愿多此一举，斩断我军粮道。"哨兵一口气说完了。

这番话让韩信十分受用，喃喃自语道："真没想到，这世界上还有如此迂腐的'将军'。他竟然自诩仁义化身，又轻视我军，实在是可笑之极。"

张耳在一旁笑道："陈馀此人，向来如此。他满嘴的虚情假意，也最怕别人戳他脊梁骨。我在赵国时，就没少掉入他的道德陷阱。看来，这次是天不佑赵国了。"

韩信点头，看来，这是上天又给了自己一次机会啊。他害怕陈馀的榆木脑袋突然开窍，便赶紧派出几十个哨兵，赶往己方粮道附近查看虚实。

果然，广武君的计策并未被采纳。除了井陉口外，四处均没有发现赵军的影子。

韩信大喜之余，也打定了主意。

陈馀这次头脑迂腐，但不能保证他每日都不开窍。因此，当务之急就是快速解决这场战斗。

如果拖到赵国采纳广武君之计，汉军的几万人马，就彻底死无葬身之地了。

从韩信的角度看，虽然赵军在井陉口设下了天罗地网，但也比广武君前后夹击要好闯得多。

韩信知道，自己是时候迎接下一场精彩的挑战了。要想证明自己的伟大，此时不打，更待何时呢？

4. 背水一战，井陉扬威

韩信下令："今夜不许脱掉盔甲，也不许睡觉！"

将士们一听，顿时气得直哼哼：这是从广武君那里受了挫，跑来拿我们撒气啊！眼下正是寒冬时节，不让我们睡觉也就罢了。可盔甲又沉又冷，不脱下来多难受啊！

奈何大将军军令如山，众将士虽不懂韩信的用意，但还是不情不愿地齐声领命。

夜半时分，韩信悄悄走进营帐，看着军营里冻得瑟瑟发抖的将士们，心里有些不忍。他吩咐临时厨房，给士兵们准备了干粮。

“将士们，俗话说，养兵千日，用兵一时。如今，我已有了大破赵军的方法，诸位可愿随我一战？”韩信对着汉军将士们说道。

“请大将军发话吧！”将士们一边搓着双手，一边向韩信请命。

韩信一边挥手，让负责做饭的士兵们将干粮分发给众人，一边坐在地上，对着大家说道：“明天天一亮，我会带着一队人马，向井陉口的赵兵发动进攻。到时，我将假装失败，且战且退，且退且战。”

“这是为何？您为什么要假装失败啊？”将士们不解。

韩信一笑，没有说话，而是指着另一位将军说道：“明日，你带着两千骑兵，每人背上一杆军旗。赵兵看见我们战败，肯定会出来追杀我们。到那时，你便带领士兵们进入赵军营寨，将他们的军旗统统拔掉，换上我们的。”

众人不解，这样能行吗？

韩信啃了口手里的干粮，说道：“各位放心，等我们打败赵军，我将在井陉口，为各位大摆筵席！”

为什么韩信如此自信呢？他的妙计是从何而来的呢？

原来，韩信被哨兵打断破敌思绪时，突然想到了《管子·形势解》中的一段话：“虎豹，兽之猛者也，居深林广泽之中，则人畏其威而载之。人主，天下之有势者也，深居则人畏其势。故虎豹去其幽而近于人，则人得之而易其威。人主去其门而迫于民，则民轻之而傲其势。故曰：‘虎豹托幽而威可载也’。”

《管子》此言是什么意思呢？就是说，虎豹是仗着深山幽谷，才让人们觉得恐怖；君主深居简出，才会让人害怕。如果虎豹猛兽就在路边，而君主在人群之中，就没什么好怕的了。

基于此说，韩信才想出一条妙计。

如果汉军直接在井陉口与赵军交战，即便没有广武君抄后路，韩信也很难取胜。

可如果将井陉口的赵军吸引出来，带着他们满山跑，消耗掉他们的体能，失去井陉口天险的赵军，还有什么可怕的呢？自己不就可以趁机取胜了吗？

看到韩信自信满满的样子，汉军将士们虽不懂韩信的用意，但还是吃了颗定心丸。

“赵兵必败。”韩信露出了笑容，对其中一位将军说，“你去带领一万人，在赵营附近的泜水边列阵。明日，我会带着帅旗和战鼓，将他们引诱出营。”

将军答应一声，便去挑选人马了。

张耳对韩信说道：“大将军带上了帅旗和战鼓，想必是要亲自做饵了。”

韩信点头道：“不错，我若不亲自做饵，他们便会担心其中有诈。”

张耳沉吟一下，随即道：“既如此，我与将军一同做饵。跟您相比，赵人更恨我啊！”

韩信大喜道：“如此便多谢你了。”

谈笑间，东方已露出了鱼肚白。赵军发现韩信将军队已在泜水边列好了阵，慌忙将此事告知了陈馀。陈馀亲自来看，他不由得嗤笑一声，得意地对部下说：“早听说韩信用兵如神，结果今日一见，他不过是浪得虚名罢了。将阵列在泜水前，一旦我们进攻，他们就是无路可退，身陷绝境啊！”

赵兵一听，纷纷拍起陈馀的马屁来：“您果然高明啊，汉军确实不足为虑！”

天一亮，韩信和张耳便引了一队兵马，来到赵营前面擂鼓叫阵。陈馀一看，下面飘荡的正是韩信的帅旗。大旗前，一位面容俊朗、身材伟岸的大将正在叫阵，此人正是韩信。

再看韩信旁，有一人骑在马上，正在营前望着自己。此人不是张耳，又能是谁呢？

陈馀大喊一声："张耳逆贼就在外面，众将士跟我冲啊！"

赵兵们纷纷涌出井陉口，冲着汉军杀来。汉军早就得到韩信命令，要且战且退。他们一边做出拼死抵抗的样子，一边往后撤着。

不多时，二十万赵兵全部离开了井陉口。

此时，韩信事先埋伏好的两千士兵赶紧鱼贯进入赵军营地。赵国守军看到汉军从大营门口大摇大摆地进来，一时间有些不知所措。

一位汉军将领对着赵国守军们说道："投降吧！大将军韩信已斩杀陈馀，你们已经输了！大将军特派我等，来此接收你们的营地！"

赵国守军一听，陈馀二十万大军都败在了战神韩信手下，顿时丧失了斗志。他们纷纷扔掉兵器，乖乖地当了汉军的俘虏。

就这样，汉军不费一兵一卒，便将赵军的大旗换成了汉军的军旗。不多时，整个赵营便再无赵军的旗帜了。

陈馀见汉军且战且退，又拼命抵抗，根本捞不到什么好处。一转眼，就连韩信和张耳也不知道逃到何处了。

陈馀一琢磨，撤吧。他对着赵军下令："退回井陉口，来日再与汉军决一死战！"

赵兵们得令，纷纷往井陉口退去。可到了营前，他们突然发现，井陉口的山险关隘中插满的都是汉军的大旗！

这下子，赵军可炸了窝了。

乱中，不知人群里谁喊了一声："韩信已派人杀掉营中守军，我们的大营被攻下了！"

众人一听，立即扔下武器，只顾四处逃窜。赵国将军们一看这还得了？于是赶紧拍马上前，斩杀了几个临阵脱逃的士兵。

赵军一看，这些将军竟然杀掉自己的士兵，于是纷纷临阵倒戈，帮着韩信攻杀起己方的将军来。

这时，韩信派去插旗的两千士兵从赵营内杀出。双方里应外合，杀得赵军片甲不留。乱中，张耳发现了偷偷逃跑的陈馀。他暗叫一声："报仇的机会来了！"

张耳拍马追去，一直追到寒冷的泜水河边。陈馀见来人是张耳，顿时心生绝望。张耳搭弓引箭，一箭射中陈馀后心。

陈馀的尸体落入泜水河中，张耳转身要走，却看见不远处，赵王歇在几名汉兵的包围下瑟瑟发抖。他拍马上前，将赵王歇绑在马背上，带着去见韩信。

张耳来到韩信跟前，韩信正对着士兵们大喊："一定保护广武君李左车的安全！谁都不许伤害他一根汗毛！谁能将李左车生擒到我面前，赏赐黄金一千两！"

韩信以三万人打败了井陉口的二十万赵军，再次封神。

关中，汉王刘邦闻听韩信"背水一战"的事迹后，大喜之余，越发不相信韩信。

"这个韩信如此神武，他日，真的不会成我心腹大患吗……"

5. 师事广武君，平定燕国地

这一仗，韩信可谓是大获全胜。

一位打扫战场归来的将军见到韩信，张了张嘴，却没有说话。

"将军何事？"韩信看出他欲言又止的样子，于是问道。

将军一咬牙，说道："大将军，这场仗打得我是稀里糊涂的，按兵法说，我们在泜水前列阵，这是自断后路啊！可我们却赢了，这是为何？"

将军此言一出，韩信身边立刻围上来很多将士。他们都想听听，战神韩信究竟为何如此排兵布阵。

韩信一笑，道："你读兵法，只得其一，未得其二。你只看到了背水的危险，却没有想到，我军将士正是因为陷入死地，才激发了求生的欲望。我们汉军自不必说，此次攻赵，军队中有很多代国士兵，他们没必要与我们一同死战。如果不是逼到绝路，他们会奋起反抗吗？所谓'置之死地而后生'就是这样了。"

众人听完，顿时对韩信更加敬佩。

想不到，韩信竟然对人性也有如此透彻的研究。如果他们是在宽广的平原上对抗赵军，说不定早就意志涣散、四下逃命了。

正当韩信和众将士们回味这场胜利时，一个哨兵押着李左车来到韩信面前。

“快走——启禀大将军！李左车带到！”哨兵一推广武君，便站在一旁准备领赏。

韩信一看，当即上前解开了李左车的绳索。他一边对李左车施礼道歉，一边请他到案几的西面坐下。

古时候，尊者都会坐在西方，面朝东方。韩信用学生对待老师的礼节，将李左车服侍得妥妥当当。

一旁的哨兵吐了吐舌头，看韩信对李左车极为尊敬，自己却对他又捆又绑的，这下别说黄金千两，大将军不杀了他都算是法外开恩了。

于是，哨兵很识趣地退下了。

李左车在赵国时，因为地位不高，一直受着陈馀的闲气。可没想到自己被汉军俘虏后，竟获得了韩信如此礼遇。

想到此处，李左车感动地对韩信说道：“大将军对败军之臣竟能如此礼遇，我心中十分感激，我愿意归顺汉王。”

韩信十分高兴，忙说道：“您有经天纬地之才，实在让我敬佩万分。如那陈馀听从您的建议，此刻，韩信与数万汉军已是身首异处了！如您不嫌弃我愚笨，就请您收下我这个学生吧！”

韩信说得十分真诚，李左车当即点头道：“大将军严重了，有您这样的学生，实在是我的荣幸。”

见李左车同意收自己为学生，韩信十分高兴。他拉着老师的手，急切地说道：“老师，我想挥师北上，攻打燕国。也想率军东进，攻伐齐国。您能告诉我，我要如何做，才能获得成功呢？”

李左车见韩信初次相见，便问及军中大事。于是诚惶诚恐地说道：“大将军，俗话说，败军之将不言勇。这是汉军的军机大事，我只不过是您的俘虏。虽然您高看我，还将我尊奉为师长，但我实在不敢在您的面前夸夸其谈啊。”

韩信闻言，急忙对李左车说道：“老师，您岂不闻战国时期的百里奚？他最初辅佐虞国，可虞国却灭亡了；后来，他又辅佐秦国，秦国采用他的建议，成为了诸侯中的霸主。这难道是因为百里奚在虞国时候愚笨，在秦国时候变聪明了吗？当然不，这是因为秦国能看到他的才华，重用他。如果陈馀能重用您，我韩信早已是您的俘虏了。正是因为陈馀不听从老师的建议，我才有机会将您的才华发扬光大啊。”

李左车看韩信将自己比作百里奚，心中十分受用。他对韩信说道：“陈馀是个聪明人，当初，他能率军打败张耳就是例子。可他不能听从我的建议，导致兵败身死，我虽感慨，却也无可奈何。如今，大将军渡过黄河，接连攻破西魏、代、赵三国，您的声名早已散播天下，您也早已威震四海了。”

韩信想听的并非是李左车的奉承之言，他再次说道：“我不敢在老师面前显摆功劳，我是真心向您请教的，还请您不要再推辞了。”

李左车略一沉吟，说道：“您这一路东征西讨，建立了不世之功。可您的士兵们早已困乏万分了。如果您带领疲乏的士兵，去攻打燕国的铜墙铁壁，恐怕是对您大为不利的。燕国也早就听过您的大名，您认为，他们会打开城门一战吗？恐怕不会，他们只会拖延。可他们拖得起，您拖不起啊。您的战线太长，粮草供应本就困难，万一齐国也加入进来，与大将军对抗，您可有把握一战吗？”

韩信一听，确实如此。

如今，刘邦被项羽牢牢牵制在荥阳一带，是不可能派兵援助的。如果燕、齐二国联起手来攻打自己，还能有自己的好果子吃吗？

想到此处，韩信赶紧对李左车深施一礼，道：“那么，我应当怎么做呢？还请老师教我。”

李左车继续说道：“我给大将军的建议，就是按兵不动。您可以在赵国休整兵马，带领赵国百姓发展生产。到那时，赵国百姓就会为您提供粮食。等您兵精粮足后，再派一位能说会道之人，修书一封，陈明汉军的长处。燕国一臣服，您可再派一人去招降齐王。齐王见您声势滔天，又见燕国臣服，必定也会投降于您的。所谓‘用兵之道，贵在先声夺人’便是这个道理了。”

听完李左车的建议，韩信的心里顿时豁亮了。

韩信下令军队原地休整，同时给燕国臧荼修书一封，令一位能言善道之人前去送信。

信上，韩信向臧荼陈明了利害关系：

“燕王，我韩信自南郑到关中以来，攻克三秦，渡过黄河。而后又攻破西魏，生擒魏豹；灭掉代国，生擒夏说。在井陉口一战中，我仅用一日，便击溃了赵国的二十万大军，我杀了陈馀，生擒赵歇，如今正在赵地休整。我本不想跟您兵戎相见，奈何汉王有令，敦促我速速拿下燕国。是战是降，请燕王三思。”

韩信在信中，并未直接要求燕王投降。可这字里行间的气势，早已让臧荼胆战心惊。

韩信派往燕国的使者，慢慢悠悠地对燕王说道：“大将军的兵马，已经快到燕国边境了，还请您早下决断。”

臧荼一听韩信要来，冷汗就下来了。

他热情款待了韩信使者，并请他告知大将军，自己愿意投降。

韩信不费一兵一卒，就占领了燕国。他派人将平定赵、燕之地的消息告知刘邦，同时请刘邦封张耳为赵王。

刘邦得知这个消息欣喜异常。他发来了张耳的任命书，请他管理赵国，发展生产。张耳欣喜异常，对着关中方向深施一礼，又对着韩信深施一礼。

韩信急忙上前搀扶，正当二人相处甚欢之际，一位哨兵闯了进来，道：

“报——启禀大将军，项羽派出军队，直逼我们而来了！”

第八章

兵不厌诈

1. 反击项羽，策反英布

项羽起兵攻打赵国，在《史记·淮阴侯列传》中只有短短这一句记载：“楚数使奇兵渡河击赵，赵王耳、韩信往来救赵，因行定赵城邑，发兵诣汉。”

可见，此次攻打韩信的并非项羽，而是项羽手下的几支小股部队。

这样的部队岂能被韩信看在眼里？

真正让韩信心焦的，是项羽在荥阳城外，与汉王已经对峙了好几个月。这几个月的时间里，刘邦一直坚守不出，为自己赢得了伐赵平燕的时间。

可这样下去也不是办法，汉军与项羽之间，早晚要有一战。汉王也不可能一直躲在荥阳不出门。

韩信给刘邦上书道：“大王，为今之计，应当联合东方的各个诸侯，一起攻打项羽。您可许诺，战胜之后，与众诸侯共分项羽的土地。”

刘邦看了韩信的建议，心里十分不乐意，但又没有其他好办法，只能将张良唤来，问道：“东方这些诸侯中，有哪些能帮我攻打项羽呢？”

张良思索一下，说道：“如今，大王兵多将广。但说实话，只有韩信一人能独当一面，领兵征战。至于东方诸侯，大多都比我们弱小很多，只有彭越和英布，能助我们与项羽一战。”

刘邦深觉有理，立刻派人与彭越、英布联系，相约攻打项羽。

彭越得知刘邦的提议后，欣然同意了这一约定。原本，彭越就与项羽不和，即便刘邦不来拉拢，也会和项羽一战。

可英布就没有那么好说服了。英布是项羽身边的亲信，又跟随项羽东征西讨多年，素有“项羽帐下第一猛将”的称号。

若想让英布背叛项羽，刘邦就得花点儿心思了。

当时纵横之术还很流行，不少能说会道的人都深谙纵横游说之术。可想找出一个像郦食其一样堪当大任的人，却还是很不容易的。

“怎样才能让英布和项羽开战呢？”刘邦琢磨着，“不行，明天我得开个大会，好好议一议。”

第二日，刘邦便召集所有将领，到营帐商量说服英布的事儿。

刘邦手下有一位叫随何的人，他略一思索，说道：“大王，要说服英布归降并非难事，我便可前去说服他，令他归降！”

刘邦大喜，问道：“有何计？”

随何一笑，答道：“项羽残暴无仁，坑杀俘虏，屠城灭国，又杀掉楚怀王，弄得人人自危。英布与他早有嫌隙。项羽攻打齐国时，曾派人去九江调兵。英布不满项羽，只给了他几千老弱残兵应付。攻打彭城，英布没有派兵参加。项羽早想杀了英布，奈何被我军与齐国牵制，此番前去，我只需对英布陈明利害，害怕他不来投您吗？”

刘邦大喜，当夜便让随何往六县进发了。

到了六县，英布知道随何是刘邦派来劝降的，于是只派了太宰接待他，自己则躲在宫中闭门不出。

随何见状，心下了然。

他对太宰说道：“大王不愿接见我，肯定是因为我乃汉王说客，怕我请他与汉王一道反抗项羽。可这哪是逃避就能成事的呢？你且告诉大王，天下形势并非楚强汉弱，和项羽作对也并非死路一条。我愿与大王分析天下形势，如果我说得没有道理，大王可以杀了我！”

英布得知随何如此自信，便想听听他说些什么。

见了面，英布率先开口道：“霸王时代簪缨，且兵多将广，而刘邦不过亭长出身，彭城一战，霸王以少数骑兵，大败刘邦五六十万大军，你还有什么好说的？”

随何一笑道：“大王，您乃勇将，当知胜败乃兵家常事。我知道，您不愿与汉王联手，是因为您觉得，汉王弱小，而项羽强大。您是想保存自己的实力，对吗？可如今天下大乱，想保存实力，您认为可能吗？”

英布见随何说中了自己心事，立刻惶恐道：“请勿胡说！我乃项王臣子，怎敢保存自己实力呢？”

随何言语逐渐犀利，又道：“当初，项羽带兵攻打齐国，您称病不出，仅派了几千老弱前去助战！而汉王带五六十万大军进入彭城，您作为臣子，为何不倾全国之兵，与项王作战呢！”

英布一句话也说不出来了。

随何继续道：“如今，天下人都知道，项羽背信弃义，杀了楚怀王。汉王为怀王报仇，起兵攻打项羽。项羽已失了天下人心，更伤了楚国将士们的心！汉王虽暂时弱于项羽，但他有天下人的支持！何况，梁地的彭越已经与汉王联手，他随时可切断项羽的补给！大将军韩信也接连攻克赵、燕二国。将来，称霸天下的必定是汉王！若汉王拿到天下，必定会像封张耳为赵王那样，将九江分封给您的。”

此话说到了英布心坎里，他正要回答，却被跑进来的小兵打断：“报告大王！项王派使者来了！”

英布大惊，他赶紧让随何躲起来，随何刚躲到后面，项羽的使臣便进入了宫内，直言道：“九江王！项王有令，请您与他一同举兵，攻打荥阳！”

英布说道：“请回复项王，英布有恙在身，且宽限几日。”

正当英布与使者交涉时，随何从后面跳将出来，指着项羽的使者说道：“九江王已投靠汉王，正准备攻伐项羽！项羽还敢派你来请兵攻伐荥阳？”

使者一听大怒，他立刻对英布说道：“你竟然背叛项王，你就等着被消灭吧！”

随何赶紧对英布说道：“您不杀了他，难道要等他回去报告项羽吗？”

英布无可奈何，只好拔剑杀掉项羽的使者，正式打出了反楚的大旗。

项羽得知派去的使者被英布杀死，并投靠了刘邦后，怒气冲冲地骂道：“混蛋英布，竟敢如此！”

龙且与项声当即请命，攻打九江王英布。

项羽手下的龙且将军如饿狼猛虎，又是项羽的亲信大将。他率领大军来到九江，振臂高呼，令英布胆战心惊。

原本，英布只想保住自己的九江之地。他是项羽旧部，从不敢与项羽交战。何况，他手下的士兵也大多在项羽部队中服役。

很快，龙且大破英布，英布只能带着几千人，跟随何从小路投奔刘邦了。

刘邦得到英布大喜道：“英布将军，你到我帐下共事，令我十分欢喜。将军放心，若他日我能取得天下，定将九江之地重新分封于你。”

刘邦又给了英布一些士兵，充实英布的实力。

正在刘邦与英布交谈之际，哨兵一路小跑来到大厅禀报：“报——启禀汉王！项羽大军将荥阳围得更紧，城上将军请您派兵加强荥阳防守！”

刘邦大惊，当即带领英布来到城上。

荥阳外，楚军越来越近，一场混战已经在所难免了。

2. 范增命丧反间计

“报告项王！我们已将荥阳城团团围住！根据荥阳城内线报，刘邦的粮草已经没了！”一小兵穿过楚营，径直来到项羽的大帐。

“太好了！真是天助我也！”项羽大喜。

刘邦在彭城就领教了项羽的厉害，他不敢跟项羽正面交锋，只能听从张良的建议，令秦将李必和骆甲组建了一支骑兵，挡住项羽的攻势。但这样也不是办法，荥阳虽然易守难攻，但毕竟只是座城池，被攻下是早晚的事。

眼看城内粮食越来越少，项羽军队士气越来越高涨，刘邦心急如焚。他赶忙下令，修通了一条通往黄河的甬道，将粮食从黄河上运过来。

项羽见刘邦修通甬道，立刻率领军队占领甬道，抢走了刘邦的粮食。刘邦被项羽逼得有些绝望，成日在军营唉声叹气，大骂范增。

这时，郦食其给汉王出了个主意：“大王，你现在被困在荥阳，何不重新分封六国诸侯，令他们来攻打项羽呢？”

刘邦一琢磨，也是。于是，他便让郦食其准备好六国的相印，说服诸侯前来救援自己。

就当郦食其准备出发时，张良赶紧过来制止了他。

张良对刘邦提出了七条反对的理由，在说第一条时，刘邦就被张良点醒了：“大王！如今我们已得到秦、燕、韩、赵、魏，天下只有齐国与楚国自立。我们又何必把到手的城池分出去呢？何况，您忘了反复无常的魏王豹了吗？我们若将土地分封出去，他们却不出兵，那我们又该怎么办呢？”

刘邦当即吓出一身冷汗，他说：“郦食其这酸腐儒生，差点儿坏了我的大事！”

刘邦赶紧毁掉了六国印，派出使者前往楚营，向项羽求和。

使者来到楚营后，对项羽转述了刘邦的话：“我们本是兄弟，何苦自相残杀？从今以后，我们不如休战，就以荥阳为界。荥阳以东归您，荥阳以西归我，我将永远臣服于您！”

项羽一听刘邦愿意臣服，便想同意刘邦的请求。

这时候，范增劝他道：“刘邦就是个贪婪的小人，你难道忘了他之前背叛你的事情了吗？”

项羽点头，于是没有答应刘邦的要求。

刘邦见项羽不接受求和，当下绝望了。这时，陈平笑嘻嘻地对刘邦说道：“大王，项羽为人自负，又不愿轻信他人。只要您信得过我，我自有让项羽折断羽翼的计策。”

刘邦大喜道：“先生竟有奇谋！请您快告诉我吧！”

陈平神秘地看着刘邦，只说了两个字：“反间！”

原来，陈平曾在项羽帐下做事，对项羽的人性弱点了如指掌。他请刘邦给自己准备了四十万两黄金，供他使计之用。

刘邦十分痛快地给了陈平所需的一切，陈平转手便收买了很多间谍。

他让这些间谍潜入楚军内部，四处造谣生事，替钟离眜等名将“打抱不平”。

一日，谣言终于传到项羽耳中。项羽闻听钟离眜等人常说“我替楚王出生入死，楚王却不封我等为王，实在太不公平”。项羽本就为人刻薄贪婪，又尤其憎恨以下犯上，于是大怒。

再说钟离眜、龙且等人，他们明显感到项羽正在疏远、冷淡自己，不明所以的众人心中颇为伤感，一腔热血也渐渐冷了下来。

陈平这四十万两黄金花得确实值，离间了项羽和这帮猛将的关系，就等于帮刘邦消除了很大一部分隐患。

做完这件事后，陈平又把目光投向了汉王最憎恶的人——范增。

范增几次三番想杀掉刘邦，一日不除掉范增，刘邦就一日不得安生！

于是，陈平对刘邦低声说出了计划。陈平刚说完，刘邦便指着他放声大笑道：“陈平，你可真有主意啊！”

陈平笑着一鞠躬，开始着手筹备了。

汉三年（前204）四月，楚国使者来到荥阳与刘邦谈判。刘邦下令，用最高礼节迎接使者，请楚国使者用膳。

刘邦一声令下，侍女们端来了美味佳肴。楚国使者很高兴，夹起一筷子菜正准备吃。

陈平此时突然命人撤掉楚使餐具，说道："你刚才说，你是楚王的使者，还是范增大人的使者？"

楚使一脸疑惑，但还是如实说道："我乃楚王使者。"

陈平立刻叫人把所有东西都撤掉，换上最便宜的简陋饭菜，然后不阴不阳地笑道："抱歉，我搞错了。汉国的规矩是楚王使者吃下等饭，范增大人的使者吃上等餐。委屈你了。"

说完，陈平便头也不回地走了，这个大厅顿时冷冷清清，作陪的大臣与侍女也拂袖而去。

楚使受辱，十分愤怒，他回到楚国后，添油加醋地汇报了这次的情况，同时让项羽小心亚父范增。

项羽本就生性多疑，加上对亚父范增的傲慢性格早有不满，于是，他便刻意地冷淡了范增。

没多久，范增请项羽速速发兵攻打汉营，言道："大王！刘邦现在军中无粮，这是您取得胜利的大好时机啊！请不要错过！"

项羽一脸怀疑地看着范增，说道："你让我发兵攻汉，该不是刘邦已经提前设下了埋伏，你俩专等我往口袋里钻的吧！"

范增见项羽怀疑自己，顿时气得老泪纵横，当下便跪下说道："你能攻打刘邦，已经不需要我了，还请你准许，让我把这身老骨头扔到家乡吧！"

项羽不言，连假意挽留都没有。范增的心这下子凉透了，他只向项羽讨了一辆牛车，便灰心丧气地返回了家乡。

可惜，范增背上本就生了一颗毒瘤，他日夜忙着为项羽出谋划策，没有及时调养医治。此番被项羽怀疑，五内郁结，人还没到彭城，便"疽发背而死"。

范增一死，消息立马传到楚、汉两营。刘邦开心得拊掌大笑，项羽却有些伤心。这时，刘邦在荥阳城里大肆庆祝范增已死的消息传到项羽耳中。他这才知道，原来一切都是刘邦搞的鬼。

项羽大怒，他拔出宝剑大声说道："刘邦小儿，竟敢戏弄我！我定要攻入荥阳，杀了他为亚父报仇！"

楚军对荥阳发动了极其猛烈的进攻。刘邦大惊失色，对部下们说道："这下完了，我该怎么办？"

此时，纪信站了出来，说道："大王，您将衣服换于我，我会扮成您的样子出城投降。您趁此机会，从小路逃走吧！"

刘邦听了十分感动，他一边跟纪信换了衣服，一边召了荥阳城内的两千名女子扮成汉兵，由纪信带着出城投降。

纪信坐在刘邦的黄色马车上，对着楚军喊道："别动手！荥阳城内粮尽！我刘邦愿意投降！"

楚军被纪信吸引，纷纷围了上来。刘邦趁机带着几十个人，从荥阳西门逃出。

项羽打马上前，发现出来投降的竟是纪信。他狂怒道："你竟然敢骗我！刘邦呢？"

纪信告诉项羽，汉王已从西门逃走了。项羽更加愤怒，他一把抓过纪信，丢进了燃烧的大火中。

刘邦出逃前，将魏王豹、周苛和枞公三人留下，周苛与枞公一商量，都认为这魏豹是个反复无常的小人，万一项羽攻破城池，魏豹又投靠楚王怎么办？

于是，他俩派人去请魏豹："速去请魏王，我们有要事与他商量。"

魏豹一听，还以为自己要得到重用呢！谁知他刚一到，周苛和枞公便突然拔剑，将其杀掉了。

3. 刘邦夺兵权

刘邦从西门逃出荥阳，路上也没敢歇着，一直逃到关中。

他重新集结兵马，准备回荥阳与项羽大战一场。

这时，一位姓袁的书生说道："大王，我们与项羽正面交锋太吃亏了！如今，大王何不带兵去南宛？项羽听说您去了南宛，一定也会追到南宛与您开战。这样一来，荥阳的状况就能得到缓解。在此期间，您再让韩信大将军将齐国打下，项羽看魏、赵、燕、齐都落入韩大将军之手，必定会率兵前去攻打他们。这时，您再从南宛回到荥阳。项羽犯了分兵大忌，您还发愁不能打败他吗？"

刘邦一听，心中暗道："想不到我营中竟有如此高才。"

他大喜，向袁生许诺道："将来，我必要重用你！"说完，他就带领军队一路来到南宛。

果然，项羽率兵开拔，直逼南宛而来。项羽派人在南宛城下不断挑战，但刘邦一直紧闭城门，就是不搭理他。

这时，彭越在东方领兵渡过黄河，攻打项声与薛公守卫的东阿。

项声与薛公本就是不善领兵的人，他们不过是依附项羽，才取得一城之地。论实力，根本无法与彭越相较。

项羽想去增援项声，却感到有些力不从心。当初，陈平设计离间了他与钟离眛等大将，如今楚营已没有能征善战的将领了。

若想东征西讨，只能靠他自己！

项羽立刻带兵收回了东阿，彭越采用游击战术，带着军队在梁地一带与项羽周旋。被项羽困在南宛的刘邦觉得机会来了，他没有听从袁生的话，而是径直回到了荥阳。

刘邦刚到荥阳，项羽便挥师而来，荥阳遭受了猛烈的攻击。刘邦大败，带着几十个随从，一路往成皋逃去。

荥阳被项羽攻破，周苛与枞公也被楚军活捉了。项羽爱才，想收买周苛，于是说道："你不如投降于我，我可以封你做大将军，食俸三万户。"

这个条件非常优渥，可周苛却不为所动，他最恨的便是像魏豹一般的无常小人。

于是，周苛高声质问道："你不投降汉王，还敢让我投降你？"

项羽大怒，将他跟枞公一同扔进大锅中煮了。

虽然荥阳一战项羽大胜，但他几乎成了真正的孤家寡人。周苛没有被他收买，钟离眛等人又与他渐行渐远，谋臣范增也死在了回家的路上。

项羽绞尽脑汁，也不知道自己究竟错在哪里。他把这一切都归咎到刘邦身上，于是继续打马奔袭，追着刘邦到处跑。

刘邦带着夏侯婴，直奔大将军韩信处而去。

二人一直跑到距韩信军营仅三四十里的地方，刘邦却突然不跑了。

夏侯婴很奇怪，他赶紧催促道："大王，还有三四十里路了，只要我们加把劲儿，今日便可见到韩信大将军了！"

刘邦露出担忧的神色道："如今，我们奔韩信而来，手中却没有一兵一卒。万一韩信对我生出异心，我们哪能抵抗手握雄兵的他呢？"

夏侯婴深知韩信为人，立刻为其作保道："大王，您不要多心了！韩信一向重情重义，怎么会背叛您呢？再说，我们身后有项羽追击，只有到了韩信大将军处，才能保证安全啊！"

刘邦叹气道："韩信只要一声令下，我们就会身首异处，死无葬身之地啊！除非我们有办法拿到韩信的兵符与印信，控制住他的军队，否则，我是不可能真正放心的！"

于是，刘邦让夏侯婴找了家客栈，二人便进去休息了。

第二日，天还没亮，刘邦便起身叫醒了夏侯婴。夏侯婴有些无语：这汉王想一出是一出，又不知道他心里盘算些什么了。

可想归想，刘邦毕竟是自己的主子，自己还得跟着他一起走。

二人来到韩信的大帐时，天才刚刚放亮，刘邦多了个心眼。他自己没有现身，只是令夏侯婴前去嘱咐哨兵："汉王有紧急军情，派使者求见韩信大将军。"

夏侯婴虽然不解，但还是照做了。

不多时，执勤的将军便出营迎接"汉王使臣"，却没想到站在自己面前的正是汉王刘邦本人！

执勤的将军赶紧跪倒在地，说道："微臣不知大王驾临，实在是罪该万死！大将军韩信与赵王张耳都还未醒，请您到军中大帐稍候片刻，我即刻派人请他们出来接驾！"

刘邦挥了挥手，大模大样地说道："无妨，你且不必前去。我知道，你们接连用兵，已经十分困乏了，我自行去大将军营帐即可，无须打扰大将军好梦了。”

说完，刘邦径直走向大将军营帐。

执勤的将军看见刘邦对臣下如此体贴，心里感动非常，他立刻上前，领着二人来到大将军营帐前，然后才恭敬地退下。

刘邦大摇大摆地进了韩信营帐，立刻换上一副轻手轻脚的样子。他缓缓从韩信衣服上解下兵符和印信，然后一声不吭地走出了大帐。

有兵符和印信在手，刘邦顿时精神起来。他坐在大将军营帐中，吩咐执勤将军，即刻擂鼓集合众将领。

睡梦中，韩信听到有人擂鼓，于是赶紧坐起身来。

他匆匆来到账外，却发现刘邦正端坐在中央，一脸气定神闲地发号施令呢!

韩信匆忙跪下，随即道：“韩信不知大王亲自驾临，实在是太失礼了！还请大王恕罪！”

刘邦一笑道：“大将军快快请起，是我看你睡得香甜，才不让众将军叫醒你的。”

韩信何等聪明，他抬眼一看刘邦手里的兵符，便知道刘邦是故意拿走的。

“难道大王又打了败仗，是来找自己要兵的？不然，如此煞费苦心地解除自己兵权做什么。”韩信心里不痛快地想道。韩信小心翼翼地问道：“大王今日亲自来此，想必是有极其重要的任务吧？”

果然，刘邦轻咳一声，说道：“大将军所言不错啊，我此次前来，是想交给你和赵王一项任务。赵王张耳留在赵国，安抚赵人的心。韩信大将军，你继续率兵东进，消灭齐国！”

韩信点头领命，然后说道：“大王，您是与赵王一同留在赵地呢，还是与微臣起兵伐齐呢？”

刘邦一笑道：“我还有重要任务，需要领兵攻伐。”

韩信只能眼睁睁地看着刘邦将新训练出的士兵带走。他的当务之急，是立刻拉起一支新队伍，用来攻伐齐国。

刘邦夺下了韩信的兵权，又开始豪情万丈起来。

他决定挥师荥阳，继续与项羽开战。而韩信也重整旗鼓，将目光对准了齐国。

第九章

奇智破齐，垓下悲歌

1. 郦食其聪明反被聪明误

汉四年（前203年），韩信破魏国，俘魏王，又接连攻克赵、代二国，迫使燕国投降。平定三国之后，韩信又举兵向东，准备攻伐齐国。

军队还没过平原县，韩信便听说了汉王刘邦已派郦食其前往齐国，劝降齐王。

韩信心里有点不痛快，这是怎么回事呢？

原来，刘邦夺下韩信的兵权后，便领兵直奔成皋、荥阳一带。可到了地方，刘邦却发现成皋已经被项羽的麾下将军曹咎占领了。

这可怎么办呢？刘邦现在听见项羽的名字就发愁。他一寻思，不行就放弃成皋算了。

刘邦打了退堂鼓，他手下的郦食其不干了。

郦食其素有“南阳酒徒”的称号，他喝了两杯酒，壮着胆子到刘邦面前说道：“大王啊，你可不能放弃成皋啊！成皋是连接晋、赵、秦、汉的要地，又可东制齐、楚，南制宛、叶。如果您有称霸天下的想法，就一定要拿下成皋！”

刘邦恍然大悟，他立刻放弃了退守巩、洛的想法，对成皋发起了猛烈的进攻。

郦食其看到军事建议被采纳，兴奋得又大醉一场。

自从韩信被拜为大将军，郦食其就觉得才华被掩盖了很多。眼看韩信不断建功，郦食其心里也是相当羡慕的。

当郦食其得知，韩信迅速拿下赵国，又“不战而屈人之兵”地招降了燕国后，他开始动了心思：这不用兵卒，而用口舌招降敌国的技能，一向是我郦食其的专长啊！韩信在军事上大放异彩也就罢了，如今还要分我们“纵横家”一杯羹吗？

想到这儿，郦食其决定抢先一步，劝降齐国。

他对刘邦说道："大王，韩信大将军领兵打仗，确实是所向无敌的。如今，整个黄河流域只有齐国没有平定。齐国地势险要，又与楚国相邻，战略地位十分重要。项羽用几年时间打败田荣，现在又攻打田荣的弟弟田横。依我看，我们跟齐国的战线是一致的，齐国想独善其身已不可能。投降我们，便可以共同对抗项羽，这也是齐人更愿意做出的选择。若韩信大将军用武力攻取，一则损伤我们自己的兵力，二则也会把反楚实力逼反，得不偿失。因此，我请求大王，让我作为使者出使齐国劝降！"

这一番话正好说到刘邦心里。韩信已经立下不世之功，若再让他拿下齐国，更不好掌控。若郦食其能说服齐国来降，也可让韩信少出点彩。

想到这儿，刘邦当即拍板，让郦食其出使齐国。

来到齐国首都临淄后，郦食其以汉国使者的身份，拜会了齐王田广与丞相田横。郦食其知道，齐国的实权都掌握在田横手里，田广不过是名义上的齐王。

于是，郦食其对田广施了一礼后，重点把话说给一旁的田横听："当初，楚怀王与众臣约定，先进入关中者为王。我们汉王本就是名正言顺的关中之王，可项羽却违背约定，不但将汉王驱到巴、蜀之地，还派人暗中杀害了怀王！我们汉王闻听项羽暴行，立刻率兵出关攻伐项羽。一路上，他不但厚待各诸侯后人，还将攻下的城池分给身边之人，将获得的宝物赏给有功的士兵。这种天下人共享利益的决定，才使得汉王被众诸侯拥戴。"

田横点点头，确实，刘邦此人极会收买人心。从他立张耳为赵王，又厚待魏王豹的行为就可看出刘邦为人。

郦食其继续对田横说道："项羽为人残暴，不仁不义。他坑杀俘虏，屠杀百姓。对有功之人不能封赏，对有过之人重重惩罚，攻下的城池都被他紧紧攥在手里，天下百姓都怨恨他、背弃他。您的兄长正是看穿这一点，才举齐国义士讨伐他的。试想，天下最终会归于人心聚集的汉王，还是遭众人唾弃的项羽呢？"

田横点头道："自然是不会归于项羽的，但汉王实力尚弱，我们为何要投降更弱的一方呢？”

郦食其连连摆手道：“丞相此言差矣！您岂不闻韩信大将军‘明修栈道，暗度陈仓’，一举攻下了三秦之地？您岂不闻韩信大将军消灭章邯、大败楚军？您岂不闻韩信大将军平定西魏、俘虏魏豹？您岂不闻韩信大将军‘罂缶渡河，背水一战’？您岂不闻韩信大将军攻克代、赵，招降燕国？韩信大将军用兵如神、攻无不克，有此战神辅佐，汉王怎会不得天下？”

郦食其本就是嫉妒韩信功劳，才巴巴地请求刘邦让他出使齐国分功。如今，他还是得靠韩信大将军的威名，才能劝说住齐王与田横。

果然，田横一听韩信的名字，立刻点头松口。齐王一看田横都点头了，赶紧派使者去往汉国，告诉刘邦愿意投降。

韩信率领大军即将抵达齐国时，便得到了郦食其已劝降了田广的消息。

韩信心想，若能不费一兵一卒拿下齐国也未尝不是件好事，于是停止了进军。

这时，韩信手下有名叫蒯通的谋士不乐意了。他见韩信有退兵之意，上前作揖道：“将军，您奉汉王之命攻打齐国。虽然汉王另派了使臣前去劝降，但有下诏命令您停止进攻吗？”

韩信略一思索，摇了摇头。

蒯通趁机劝道：“那您为什么不进军呢？况且，郦先生只身前往齐国，若凭三寸不烂之舌，便能劝降齐国七十余城，那您之前率数万之众，才将赵国五十多座城攻下又算得了什么呢？您当了好几年将军，反倒不如一个儒生了。”

韩信一摆手道：“无妨，这天下都是汉王的，谁攻下齐国不都一样吗？”

蒯通立马换了种说法：“大将军，田横与田广都如魏王豹一般，是反复无常之人。劝降齐国，也保不齐他们将来会投靠项羽，不如将齐国打下来踏实啊！”

韩信一听，深觉有理。他当即采纳了蒯通的建议，准备渡过黄河攻伐齐国。

韩信率军来到历下，正好看到齐国大将田解与华无伤。

韩信知道，田解虽是大将军，但只是个靠裙带关系上位的小人。他骄傲自大，且有勇无谋，不足为虑。于是，韩信立刻下达命令攻打历下。

田解与华无伤哪是韩信的对手，何况，齐王已被郦食其说服，根本没想到韩信会率军攻打过来。不多时，田解战死，华无伤投降。

而此时的齐王都已经将对外防御全部撤除。齐王为了感激郦食其将自己点醒，成日在宫中设宴款待郦食其。

这日，二人在宫内饮酒作乐之际，突然接到韩信亲自率领汉军，击溃历下齐兵的报告。

兵临城下，大军压境。齐王认为郦食其欺骗了自己，气急败坏地指着郦食其说道："我听从了你的建议投降汉王，可汉王却派韩信领兵打我！你前来齐国劝降我，定是让我放松戒备，方便韩信一举攻破历下吧！我真是瞎了眼，中了你的奸计！"

郦食其一听也蒙了，这是怎么一回事呢？是谁如此陷害自己？是刘邦，还是韩信？

齐王见他不说话，以为猜对了。于是，愤怒的齐王用沸水煮死了郦食其，然后率兵逃出了临淄。

韩信攻下临淄，郦食其被齐王煮死的消息传到刘邦耳中，他想臭骂韩信一顿，给郦食其"报仇"。可仔细想想，造成今日局面，本就是自己和郦食其想分韩信之功。而且，自己也没有将郦食其游说齐国之事说给韩信听。

再看看汉国，游说家除了郦食其外，还有随何、陆贾等人。可能带兵打仗的，却只能仰仗韩信一人。

想到这儿，憋屈的刘邦只能将满腔怒火，撒到了成皋守将曹咎身上。

2. 成皋拉锯战

"曹咎！快滚出来！"汉军将士们奉刘邦之命，在成皋城下不停地叫骂着。

可无论汉军怎么叫骂，曹咎就像没听见，死活不出城迎战。

这可把刘邦气坏了。他早就听说，曹咎是个脾气十分火爆的人，汉军骂了几日，连曹咎的祖宗十八辈儿都骂了个遍，这曹咎怎么就是不出城呢?

原来，项羽回彭城之前，曾经嘱咐曹咎死守成皋，以免中了汉军埋伏。

曹咎对项羽十分尊敬，因此一直忍耐，不曾出城与汉军交战。

刘邦眼珠一转，心生一计，他让汉军一起高声辱骂项羽。曹咎一听，果然上当。他再也忍不住心中的怒火，出城要跟汉军大战三百回合。

刘邦打不过项羽，但打个曹咎还是绰绰有余的。

《孙子兵法·行军第九》中有记载：“客绝水而来，勿迎之于水内，令半渡而击之。”

刘邦自然懂得其中道理，他等曹咎怒气冲天地横渡汜水之际，突然下达了攻击命令。随着刘邦的一声令下，数万汉军摇旗呐喊，冲入了楚军阵中。

楚军中了汉军的埋伏，几乎全军覆没。曹咎虽然为人鲁莽，但却忠肝义胆。他看大势已去，只好自刎谢罪。与曹咎一起自杀的，还有当初投降项羽的秦将司马欣。

刘邦收复成皋，重新占据了这块军事要地。占领成皋后，刘邦学乖了。他立刻屯了很多粮食，并且让军队占领了距离敖仓粮库最近的广武甬道。

项羽听说刘邦占领成皋，曹咎、司马欣自杀，不由得又惊又怒。他拨马向西，往成皋而来。

项羽带的是急兵，粮草实在太少。他跟刘邦进行了几个月的拉锯战，还是没能将成皋拿下。

刘邦站在城楼上，气定神闲地看着项羽气急败坏的模样，心里暗自发笑：哼，当初在荥阳时，你想把我困死，如今，我也让你尝尝这滋味吧!

项羽看着刘邦的“小人”嘴脸，气得发狂。这时，他想出一个狠招。他下令将刘邦的老父亲绑来，并且在成皋城下架起一个大油锅。

项羽站在大油锅旁，对刘邦喊话威胁道：“刘邦！你要是个男人，就出来与我决一死战！如若不然，我便当场炸了你的父亲！”

如果换成旁人，也许项羽的计谋奏效了。可刘邦是什么人？连司马迁都用“狎侮”来评价他。他知道，只有自己活着，自己的父亲才有当人质的价值。如果自己真的开城，那他的父亲才真没有活路了。

于是，刘邦装作不在意的样子，哈哈大笑道："项羽，你忘了吗？我们曾经是结义兄弟！我的父亲就是你的父亲！今日，你竟然要烹炸自己的老父，我倒真想尝尝，你父亲是什么滋味！"

项羽一听，差点儿鼻子气歪了。他又狠狠地辱骂刘邦，可刘邦的嘴皮子本就是天下一流，项羽哪能是他的对手呢？

他见刘邦毫不嘴软，只好将刘邦的老父亲重新押回楚营。

刘邦看见老父亲生命无忧，当下更来劲了。

他站在城墙上，当众吼出项羽犯下的十条大罪。从杀怀王、杀宋义，到坑杀俘虏、屠杀百姓，这每一条都是项羽犯下的实罪，让项羽无法反驳。

项羽本就极重面子，哪经得起刘邦这么当众揭短？于是，他悄悄下令，趁刘邦讲话的时候，偷偷往城上射一支箭，射死刘邦。

弓弩手领命，寻了一个不显眼的地方搭弓射箭，在刘邦毫不注意的情况下，一箭射中了刘邦的胸口。

这下可把刘邦疼坏了，但两军阵前，如果汉军将士们得知大王被人射中前胸，一定会士气崩溃，说不准还会被楚军一拥而上，趁机破城。

于是，刘邦一狠心拔掉箭矢，然后蹲在地上大吼："项羽！你真是小人！做事竟如此不地道！我正在说话，你却命人放箭射中我的脚趾！"

汉军一听，刘邦的脚被射中，立马大骂楚军不讲究，都摩拳擦掌地要跟楚军决一死战。

虽然刘邦稳定住了军心，但这一箭也确实快要了刘邦的老命。他听了张良的建议，赶紧从前线退了下来，到成皋城内安心休养。

刘邦走了，项羽也觉得无趣。他将与汉军对骂的任务交给了一队嗓门大的楚军，自己也回营地休息了。

刘邦与项羽对峙，楚军粮草不多，经不起消耗。没等刘邦开门，项羽的军粮就告急了。

正当项羽打算调集军粮之际，前线哨兵给他带来这样一个消息：

大将军韩信攻陷齐国，占领临淄。他即将挥师南下，直取楚国腹地！

项羽大吃一惊，他确实没有想到，汉军竟然编织了这么一个大渔网。

更让他没有想到的是，编织这条渔网的人，竟然是自己的前执戟郎中！

想到韩信曾几次三番地给自己献策，可自己都因为他的身份选择无视，项羽十分恼火，也有些后悔。

魏国、赵国和齐国都与自己有嫌隙，可毕竟他们都是中立的，都是不依附刘邦的！可如今，韩信一鼓作气拿下此三国，形势已经大大不利于自己了。

想到自己被刘邦和韩信像夹心饼干一样包围着，项羽气得直跳脚。

“一个胯下辱夫！竟然能攻破秦、魏、赵、燕、齐！这些国家都是无能之辈吗？怎会如此没用，坏我大事！”项羽在大帐中发怒，周围将军们都吓得不敢吱声。

正在这时，齐国丞相田横的使者一边哭，一边来到了项羽大帐。

使者一进来，“扑通”一声就跪下了，他声泪俱下道：“霸王！刘邦和韩信简直无耻！他们让郦食其来我齐国动摇军心，然后韩信亲率大军用计夺了我们城池！您一定要救救齐国啊！刘邦和韩信，是我们两国的敌人啊！”

听了使者的话，项羽点了点头。

他当然要救齐国，因为救齐国就等于救他自己。在项羽脑子里，从来都没有重视过韩信半分。如今，自己被韩信逼到这般田地，他怎能不惊讶、不愤怒呢？

可在刘邦和韩信之间选，项羽当然更恨刘邦。于是，他还是决定留下与刘邦继续“扯皮”。

项羽不亲征韩信，并非他不重视这位大将军。如若攻下成皋，杀掉刘邦，韩信自然或逃或降，不足为患。

因此，他派遣了大将龙且，与齐国使者一同抗衡韩信。

当初，陈平用四十万两黄金，离间了龙且与项羽的关系。可如今，楚国到了危难之时，项羽也只能任用龙且征战杀敌了。

为了制衡龙且，项羽特意派了侄子项它做此次攻伐韩信的大将军。

龙且久经沙场，却只能给一个乳臭未干的小子当副将，心里自然不满。可项羽却对自己的安排非常满意，他甚至已经看到韩信战败求饶的模样。

“哼，胯下懦夫，我几十万人马攻打你，还怕你不投降？”说完，项羽便气定神闲地回到后帐休息了。

3. 水淹敌军，智斩龙且

龙且与项羽的性格非常相似，他们都粗犷豪放、崇尚暴力。

与韩信不同，龙且最恨的，就是有辱男儿本色的行为。他看不起韩信，觉得韩信的隐忍，不过是没骨气、失气节的托词。

失去项羽的信任后，龙且一度难过非常。当他得知项羽将派他攻打韩信时，除了屈居项它之下外，他还是很高兴的。

毕竟他渴望建功立业，重获项羽信任。同时，他也想暴打这个胯下辱夫一顿，替自己和楚人出出气。

想到这儿，龙且意气风发地率领二十万楚军，启程去齐国攻打韩信了。

龙且帐下有一谋士，他一向看不惯有勇无谋的主将。他向龙且进言道："韩信的军队，都是从千里以外带来的军队，他们士气正高，锐不可当。再看看齐国与楚国的将士们，他们在家门口打仗，失去了死战的勇气，很容易失败。您不如与齐军合兵一处，挖深沟、筑高垒，先不与韩信作战。做完这一切后，您可让亲信混入临淄，劝说那些投降的齐人，让他们跟我们一同造反。如此，韩信军心必乱，您也将大获全胜！"

不得不说，这位谋士很有远见，也很有谋略。奈何，他碰上的主将是龙且这样高傲之人。就像当初李左车给陈馀献计，被陈馀否定了一样。如果龙且采纳此人的计策，或许历史就要改写了。

但龙且只是高傲地一笑，说道："韩信原不过是项王帐下的郎中，而我却是霸王麾下的将军。这个韩信我了解，不过是个钻人裤裆的懦夫，我带着二十万大军，还怕打不过他？再说，如果韩信真的投降了，就显不出我的功劳了！"

这位谋士见龙且如此倨傲，只能悻悻而去。

龙且迫不及待地赶到了高密，齐王田广见项羽竟然让龙且将军带来二十万楚军，十分感动。

他全然忘了田荣是死于项羽之手，只知道龙且能帮自己夺回齐国，夺回荣华富贵。

田广将齐国军队交给龙且，并且好好犒劳了楚军。第二日，龙且便带着几十万大军，浩浩荡荡地来到潍水边。

韩信早就听说，项羽派来攻打自己的大将是龙且。他丝毫不敢怠慢，立刻在潍水边摆开阵势。龙且来的当晚，韩信召集了汉军所有将领说："龙且是项羽手下一员猛将，且实力强大。从他大败九江王英布一战中，就能看出此人的勇猛。因此，我们不能与他们硬碰，要把目光放在这潍水上。"

众人一听有理，纷纷问道："大将军，我们怎么在潍水上做文章呢？还请您给我们安排任务吧！"

韩信笑着说："这样，今天夜里，你们准备一万只口袋，然后走到潍水上游，在口袋里装满沙土。当沙土装满后，你们便堵住上游的河水，埋伏在口袋附近。潍水上游被堵住，下游的水就会少很多，这样就方便龙且过河了。"

众人一听，很是不解：什么？我们费这么大劲，就是为了让龙且过河？这是为什么？

一位将军忍不住说道："大将军，潍水可是我们的天然屏障啊！我们为何不依仗地势，与龙且相互观望，反而还要替他堵住河水，方便他过河攻打我们呢？"

韩信一笑道："各位将军别急，且听我说完。明日，我会亲自领兵，渡过潍水，向龙且挑战。龙且见我率领重兵，又见潍水河浅，必定会倾巢而出剿灭我。到时，我会将他们勾引到潍水西岸，当他们渡到河中央时，你们就掘开沙袋，让潍水河淹死齐楚之军。"

众人听完韩信的计谋，这才恍然大悟。他们纷纷佩服韩信的神鬼之才，也暗自庆幸自己站对了队，而不是韩信的敌人。

于是，各位将军纷纷奉承道："大将军用兵如神，我等实在佩服！"

说着，众人便按照韩信的吩咐，各自准备去了。

黎明时分，韩信精神焕发地站在辕门内侧，他看到潍水西岸的河床几乎干涸，不由得拊掌笑道："龙且，今日便是你的死期了！"

韩信带领汉军渡过浅水，很快到达了河对岸。

天刚蒙蒙亮，韩信便让一万个嗓门大的士兵排成一排，到楚军营前大骂龙且。

韩信还是执戟郎中的时候，龙且就是一万个瞧不起他。于公于私，韩信这次都骂得非常痛快。

想想，一万人同时开骂，方圆数里都能听到关于龙且的种种秽语。龙且睡得正香，突然被这样的噪音惊醒，定下神来一听，原来是汉军正在骂自己！

龙且立马从床榻跳起来，一边念叨着“大胆辱夫”，一边穿甲上马，准备好好揍韩信一顿。

龙且治军很有章法，随着他一声令下，楚军立刻排列出整齐的阵型，仗着己方人多，龙且雄赳赳气昂昂地冲上前去，准备吃掉汉军。

韩信高喝一声“活捉龙且”，便率先冲入了战场。

龙且一看韩信斗志昂扬，顿时下了命令：“齐楚联军全部上阵！定要一举打败韩信！”

联军得到命令后，乌泱泱地从营地倾巢而出。再看汉军，他们虽然看似勇猛，但实际上都得到了韩信“不要真刀真枪干”的命令。

他们跟随韩信大将军且战且退，往潍水西岸奔去。

天渐渐亮起来，韩信怕汉军士兵们体力不支，也怕时间长了，潍水会自行冲破沙袋功亏一篑。于是，韩信看准时机，赶紧“拨转马头，仓皇向潍水对岸逃去”。

汉军士兵们知道，韩信这个动作就是代表作战指令，是时候退回汉军大营，看“潍水淹联军”的好戏了！

于是，汉军立刻后队变前队，一边喊着“大将军逃了，跟大将军跑啊”，一边暗喜地往自己大本营逃去。

龙且看着逃命的汉军，听着他们喊的话语，不由得大喜过望。

机不可失，他赶紧喊道：“韩信果然是个懦夫！他们已经抵抗不住我们的攻击了！快追杀他们啊！活捉韩信的，我重重有赏！”

齐楚联军一听，争先恐后地下了潍水，朝着汉军追去。

此时的龙且已经完全被韩信骗住，他坚信，韩信是被吓倒了、打怕了，此时正是追杀韩信、收复齐国的大好时机。

于是，龙且一边蹚水过河，一边大笑道：“韩信！辱夫！快快与我一战！”

韩信在马上听得好笑，心想：你还是跟这潍水一战吧！

眼看汉军全都跑到西岸边，潍水河内尽是齐楚联军，韩信回马转身大笑。

看着韩信的样子，龙且心里觉得纳闷：这韩信死到临头还敢大笑，难道是疯了不成？

正当龙且疑惑之际，上游突然传来轰鸣之声。

河中央的齐楚联军全都停下了脚步，是什么东西才能发出如同猛兽呼啸的声音呢？

突然，靠近潍水上游的楚军喊了一句："大水来了！"

众人还没来得及恐惧，洪水猛兽便张开了血盆大口，吞并了齐楚联军。

等龙且明白过来时，已经太晚了。随着水面的不断上升，龙且和他的军队全都被洪流卷走。身穿重甲的齐楚联军根本不可能浮在水面，全都葬身于潍水河底。

龙且勉强逃过一劫，可他刚上岸，便被灌婴将军的部卒围了上来。几个回合后，一代名将便因体力不支，被汉军割掉了头颅。

看着眼前数十万人生命消逝，听着身边汉军们的高声欢呼，韩信突然叹了口气。

他并不是同情龙且，因为他知道，这就是战争。胜负已定，这一次，赢家依旧是自己。

龙且军团的崩塌，对齐、楚二国的打击是致命的。齐王很快被韩信活捉，齐国还是牢牢握在韩信手中。

当韩信击溃齐楚联军，斩杀龙且的消息传到成皋时，刘邦兴奋得手舞足蹈。

为了安抚手握重兵的韩信，他即刻提笔，任命韩信为齐国的代理君王。

4. 蒯通说齐王

攻下齐国后，韩信被刘邦加封为齐国的代理君王。

当然，韩信这个代理君王，是刘邦看清了形势，在不情不愿的情况下封的。

如今，汉王刘邦被困成皋，与项羽呈僵持状态。韩信手握重兵，如果此时挥师南下，想灭掉刘邦和项羽的任何一方，都是完全有可能的。

因此，刘邦将韩信正式立为齐王以作安抚。

韩信为人忠诚，自然更加坚定地站在了刘邦一边。

项羽闻听韩信大败龙且，已经在齐国称王。惊怒之余，这位霸王也算看清了形势。韩信已经是不弱于刘邦的存在了，既如此，他又哪里肯放过分裂刘邦的机会？

于是，项羽立马派出武涉，前去韩信处游说，要与他联手剿灭刘邦，共分天下。

韩信对武涉的提议嗤之以鼻，但蒯通却看清了形势。

如今，天下变化、时局走势，都取决于韩信的一念之间。

蒯通早已看清刘邦其人，韩信只能与之共患难，却不能与之同安乐。

作为谋士，蒯通想劝韩信背叛刘邦，但作为臣子，他又深知韩信素来忠诚。一番思虑后，蒯通决定用隐语试探韩信。

一日，蒯通对韩信说："将军，我曾经学过相面之术，您从面相上看，最多不过被封为侯爵，还总是处在危险之中；但看您的背形，则是世间极贵，难以言明。"

韩信不懂蒯通的言下之意，于是问道："您说的话是什么意思？"

蒯通请求韩信支开众人后，说道："天下刚刚发难的时候，各个英雄豪杰纷纷自立为侯、为王。他们振臂一呼，天下之人像云雾一般汇集而来，像鱼鳞一样交相错杂，又像疾风一样迅速兴起。那时候，人们只为推翻暴秦而忧虑。"

韩信沉默不语，蒯通继续分析道："如今，楚汉相争，百姓流离失所。汉王率领数十万兵众，据守巩、雒，凭借山河之险，尚且一连数战毫无功效，甚至战败而逃。汉王在荥阳败退，在成皋负伤，逃到宛、叶之间，已经陷入困境。"

韩信点头道："那楚王呢？"

“楚人在彭城起兵后，所向无敌。进兵到荥阳，大有胜利之势，已经威震天下。然而，楚王在京、索之间受阻，兵镇西山却不能继续前进，如今已有三年。其锐气在险峻的关塞受挫，又耗尽了国库存粮，百姓纷纷苦不堪言，不知归顺于谁。以我之见”蒯通停顿了一下，说道，“除非有天下圣贤，否则势必不能消除天下的灾祸。现在刘邦、项羽二人的命运，全都掌握在您的手上。我愿意对您推心置腹，只怕您不会采纳我的建议。”

韩信当即明白，蒯通是在劝自己为王。果然，蒯通直言道：“如今，不如让他们双方共存，三分天下，呈鼎足之势。凭您的贤明，又拥有军队，还有强大的齐国做靠山，何不顺应民意，来制止楚、汉间的争斗呢？天下当以有能者居之，何况我曾听说‘若上天赐予却不接受，反而会受到责罚；时机到来而不行动，反而会获得灾祸’，希望您能考虑。”

韩信说：“汉王待我不薄，我怎能见利忘义、背恩忘德呢？”

蒯通说：“您可听说过常山王张耳，与成安君陈馀结下生死之交的故事？两人结交之时亲密无间，天下没有人能与他们相比，而最后却自相残杀，以至于灭亡，这是为什么呢？祸患产生于欲望太多、人心难测。”

韩信制止蒯通道：“先生不必再说了，我不会背叛汉王的。”

蒯通不忍，继续劝谏道：“您渡过西河，俘获魏王豹，又攻下井陉，活捉夏说。您可在赵国发号施令，又震慑燕国，平定齐国，挫败楚国的几十万兵众，斩杀龙且，造就了不二之功。现在，您的功劳已经高到难以奖赏了，必然会让汉王忌讳，让汉人害怕；若归降楚王，又必定让楚王排挤，让楚人猜忌。处在人臣地位，却有高于君主的威望，我实在为您担心。”

韩信素来忠诚，却也不忍回绝蒯通，于是敷衍道：“先生暂去休息，我要考虑一下。”

又过了几日，蒯通再次力劝他据齐自立，三分天下。韩信念及刘邦的知遇之恩，迟迟下不了决心。几日后，蒯通再次找到韩信，直言他日后必为刘邦所害：“自古以来，做大事者都是难成功，易失败。时机也是如此，难得到，易失去；机不可失，时不再来啊！”

韩信却连连叹息道：“蒯公，蒯公！我实在不忍心背叛汉王！请不要再说了！”

蒯通愣了良久，一个字脱口而出："汪。"

韩信也愣住了，于是问蒯通："蒯公，您这是什么意思？"

蒯通继续说道："汪，汪！"

韩信纳闷，不知道蒯通到底在干什么，只见上一秒还好好的蒯通，突然间眼歪口斜，撕碎衣衫，趴在地上。

蒯通叫个不停，还在地上打起滚来。

韩信赶忙叫卫士进来，蒯通却一口咬住卫士的手不放，蒯通笑道："吾乃天帝座下神犬也，谁敢碰我？谁敢碰我！"

卫士们纷纷上前，想要制住蒯通。蒯通却突然抱住其中一名卫士，边笑边说："听闻你是绝代佳人，素手妆成、兰心蕙质、极尽妍颜，在下不胜心仪。今夜子正，我要踏雪拜会，美人儿一定不会让我徒劳而返！"

卫士敢怒不敢言，只得看向韩信。

韩信叹息道："蒯公已经疯了，你可以离开了。"

那卫士如蒙大赦，匆匆离去。蒯通回头，用一种很复杂的神情看了看韩信，而后又狂笑起来，追随卫士而去，口中还念叨着："美人莫走，美人儿，莫走啊……"

韩信闭上眼睛，缓缓抓起案上酒觞一饮而尽。

蒯通当然没疯，他只是对韩信不抱希望了。韩信也当然知道，蒯通是为了自保而装疯，二人只是心照不宣，互相演戏罢了。

蒯通不懂韩信，为何坐拥兵将，实力雄厚，却甘心屈居刘邦之下。他叹韩信有震主之威，有擎天之才，却无鸿鹄之志，只恋燕雀之居。如此孤芳自赏，优柔寡断，他日必定遭遇横祸。不如狂去，假癫不痴，倒可保住一世安稳。

这是韩信第一次失去自立门户的机会。以后，自己真的会被汉王所害吗？韩信不知道，也不敢想。因为现在，他心里还有更重要的事情。

第十章

鸿沟划界

1. 项羽让步

“报——启禀大将军！今天又有诸侯投降了汉王，恐怕项羽不日就要跟汉王和谈了！”

韩信军帐内，一名哨兵兴冲冲地闯了进来。

韩信闻言大喜道：“太好了，当今天下，汉国至少占了七成！项羽的疆域已经大范围缩减，楚国北不过城阳，西不过荥阳，他被我们挤压在东南一角，已是强弩之末了。”

当然，韩信开心归开心，可蒯通劝自己反汉自立的话，却时时刻刻萦绕在他心中。客观来讲，韩信现在的行为就是在赌博。

他赌的是刘邦仁义，不会对自己下手。他不忍心背叛汉王，因为汉国有自己的伯乐，还有自己的知己，他愿意为了刘邦和萧何，跟自己的命运来一场豪赌。

现在的形势对汉国非常有利，在韩信成功歼灭齐楚联军后，在河南的楚军们似乎已经预料到自己的命运。

韩信赶紧挥师南下，与汉王会合。他要拿出最强盛的气势，与楚军来一场大决战，做压死项羽信念的最后一根稻草。

再看项羽，自己曾经的盟友，西魏、赵国、燕国、齐国，都被韩信悉数拿下，猛将英布叛变，范增、龙且死亡。项羽倍感凄凉，他感觉韩信就像勒在自己脖子上的绳索，让自己的呼吸越来越困难。

韩信的一战定乾坤，让楚汉的强弱形势一下子发生了转变。如今，摆在项羽面前只有一条路，那就是和谈。

好在，他手里还有刘邦的老父亲，还有刘邦的发妻吕雉，他还有和谈的资本。

项羽的叔叔项伯与张良一向交好，又跟刘邦攀上了儿女亲家，自然希望双方和平共处，他赶紧派人给刘邦送了一封信。

刘邦也明白，以项羽的脾气，绝对不可能主动求和。于是，他派了一名使者来到楚营，向项羽表达了和谈的愿望。

经过一番讨价还价，楚汉双方终于达成了停战协议——双方以鸿沟为界，东方属楚，西方属汉，天下正式中分。

说到鸿沟，这是一条连接黄河与淮河的人工河流，它起源于黄河南岸的广武，呈西北－东南走向。到大梁后，呈南北走向，最后由项县汇入淮河。

项羽也知道，此次虽说二分天下，但鸿沟以东的领地很少，已经是孤家寡人的自己，不再是纵横天下的西楚霸王了。

他这次答应刘邦的要求，也是出于“以退为进”的战略考虑。他打算休养一段时间，等待元气恢复，再与刘邦、韩信决一死战。

汉四年（前 203）九月，楚汉两国正式签订了和平条约。项羽遵守诺言，将羁押在楚营良久的刘太公和吕雉放回汉营。

当刘太公和吕雉回到汉营后，汉军爆发出震动天地的欢呼声。

刘邦虽然在成皋城上对项羽说出“请烹老父”的话，但他骨子里却是个十分孝顺的人。看到老父亲颤巍巍的沧桑模样，刘邦再也忍不住了。他扑通一声哭倒在地，长跪不起。

一旁的吕雉搀扶着老太公，满脸陌生地打量着这陌生的地方。当她听说自己的儿子刘盈不在营中，而在后方的时候，脸上写满了失望。

吕雉的眼神里多了一丝冷漠。

做刘邦的发妻并不是件轻松的事，自从二人在一起，她就没过过一天好日子。自从自己和老太公被项羽抓到楚营，她就早已做好了死亡的准备。

此次死里逃生，让吕雉有些不知所措。

可刘邦没有时间照顾吕雉，他正忙着跟张良、陈平商量怎么收拾项羽呢。

跟韩信一样，张良、陈平都觉得现在是反扑的大好时机。项羽已经不堪一击，刘老太公和吕雉也回到了刘邦身边。此时不攻伐项羽，难道要放虎归山？

刘邦有些犹豫。他不想负约，毕竟战国时代侠义之风盛行，每个人都想当仁义君子，好留下万世清名。当初，刘邦就选择了仁义这条路，他不想给人留下口实。

所谓君子一诺重于千金，自己已经答应和项羽议和，又怎能趁其不备，发动突袭呢？

张良听着连连摇头道：“大王，当今天下，大汉占了三分之二，所有诸侯都臣服于您。如今，楚军无粮，人心涣散，而我们兵多将广，粮草充足，必定能斩项羽于马下。如果我们放过他，就等于纵虎归山，他日必定是我们的隐患啊！”

刘邦犹豫了一下，在“骂名”和“隐患”中，他还是义无反顾地选择了“骂名”。

斩草不除根，春风吹又生！所谓过了这个村，就没这个店，我刘邦干嘛被所谓的道德束缚呢？还是利益重要啊！

想到这儿，他赶紧说道：“二位说得不错！我相信，如果形势逆转，项羽势必会撕毁条约，在我背上狠狠插一刀！既如此，我们还是要先下手为强！”

既然做出了决定，那就要立刻施行！

刘邦赶紧给大将军韩信和彭越写了两封信，叫他们赶紧前来，举兵攻伐项羽。

根据《史记·高祖本纪》的记载，韩信当时拥兵三十万，而项羽只剩下十万楚军。仅韩信一方，兵力就是项羽的三倍！

刘邦信心满满地跟项羽撕破脸，就等着韩信来暴揍项羽一顿了。

正在刘邦得意之际，尴尬的局面出现了——韩信和彭越，谁都没有发兵伐楚。俩人都把刘邦孤零零地晾在愤怒的项羽面前。

当时，楚汉说好了以鸿沟为界。可鸿沟以东，是刘邦的盟友彭越的地盘。因此，项羽若想回到彭城，就必须从魏国旁边绕行。

正在楚军经过固陵时，项羽意外地发现，楚军的屁股后面跟着汉军部队。

项羽顿时大怒，他万万没想到，刘邦竟然如此无赖。一气之下，项羽在固陵将汉军打得是屁滚尿流。

刘邦气坏了。他不是气项羽，甚至没有气彭越，而是气韩信。

彭越本来就不是自己的嫡系，虽然二人合作了多年，但彭越毕竟是归降来的诸侯。可韩信呢？他是自己力排众议、亲自拜封的大将军！如今，自己是最需要韩信的帮助，他竟然落井下石，置王命于不顾！

韩信真的自抬身价，要跟刘邦讨价还价吗？

其实并非如此，韩信若听从蒯通之言，反汉自立，如今天下早已易主，又何必贪恋刘邦封给自己的爵位？

他这么做，无非是跟刘邦开个玩笑。

当初，刘邦封自己为齐王，却不给齐王玺册，不给实权，只是给了个头衔。这次，韩信就想给刘邦要点真实的东西。就像闹别扭的小孩，吵着跟家长要玩具一样。

可韩信错看了刘邦。刘邦从未将韩信当成“孩子”，甚至对韩信忌惮不已。韩信此举，只能让刘邦大大降低对他的好感，甚至为他自己以后的命运，埋下深深的隐患。

张良看清了局势，韩信和彭越，是将项羽逼入绝境的两大功臣。可刘邦只开空头支票，拖欠二人工资，二人当然要找出点理由，向刘邦讨回属于自己的工钱。

张良和韩信的交集不多，却一直非常欣赏韩信。他给刘邦出了个主意：“大王，韩信的老家在淮阴，少年时期，他在淮阴县城因出身贫寒受过不少委屈。如今，您不如将淮河以北之地，尽皆封给韩信，让他能够青史留名，衣锦还乡。如此，大将军定然愿意为您拼尽全力，追杀项羽。”

刘邦的心胸没有张良这么大，可现在看来，不从自己身上拔下点毛，韩信是不会出兵了。因此，刘邦咬咬牙道：“好！就封韩信大将军为大国，彭越也同样为大国，让他们速速出兵！”

汉使得令，赶紧跑去韩信处传达消息。

韩信只是个顽皮的孩子，得到了想要的玩具后，自然兴高采烈地说道：“请您速速回去禀告汉王，我这就出兵伐楚！”

2. 兵围垓下

韩信得到了刘邦送给自己的玩具——淮阴，他顿时开心地率领手下三十万兵马，浩浩荡荡直奔垓下而去。

还没到垓下，韩信就从探兵口中听到项羽即将经过垓下的消息。同时，新获封赏的彭越也从大梁出发，向垓下奔驰而来。

自从韩信出兵以来，一路平定秦国、魏国、赵国、燕国、齐国。除此之外，韩信还大破龙且的齐楚联军，将项羽逼到绝境。

然而，这些战绩在他心里都不算什么。因为这些战役，都没有项羽本人参与。他渴望与项羽一战，他想跟曾经的霸王一决雌雄，看谁才是真正的战神。

这场预料之中的垓下之战，是韩信第一次面对项羽。他离开楚营后，便一直在等待这天。如今，证明自己的时刻终于到了，韩信不由得有些激动。从形势上看，韩信完全可以全歼楚军，因为此时楚汉局势已经确定。韩信坐拥三倍于项羽的兵力，打败项羽又有什么难的呢？

自韩信拜将到现在，他没有输过一场战役，项羽也是如此。

垓下之战，正是战神对决的巅峰一战！

楚营里，一位将军得知韩信和彭越纷纷赶往垓下，于是向霸王进言道：“大王，韩信和彭越都在垓下等我们，我们为何还要去垓下呢？”

项羽不屑地一笑，作为曾经的战神，项羽当然深谙兵法。

所谓“千里一向，并敌杀将”，楚国兵力只有十万，若是分兵，定然会被韩信逐个击破。倒不如将所有主力收缩到一处，重拳出击，与韩信在垓下来一场大决战，这样反而可能死里求生。

他对将军们说道：“当初，韩信可以背水一战，如今，难道你们不能吗？你们就甘心屈居汉军之下，被他们打垮吗？我们身上的楚人之血，决不允许我们失败！我们要在垓下跟汉军对决，而且，我们还要大胜他们！”

听了项羽的话，众将军重新抖擞了精神，继续往垓下进发。

项羽之所以将战场选在垓下，除了重拳出击外，还有两个原因。

首先，楚军擅长阵地战。他们没什么战术，他们的特长就是在辽阔的平原上与敌人真刀真枪地干。如果项羽选择在淮河北岸与汉军作战，就等于放弃了优势，选择了短板。其次，项羽早就摸清了垓下地形。一旦楚军在垓下失败，他可由垓下直接渡过淮河南下。只要突围到江东，就有机会。

垓下，原本就是淮北地区面积较大的旷地。而韩信、项羽在这里的传奇对决，更为垓下增添了神奇色彩。

这场垓下战争，将决定未来天下走势，也决定了刘邦、韩信、项羽三人各自的命运。

汉五年（前 202 ）十二月，项羽终于抵达了垓下。

垓下天气寒冷。项羽骑着心爱的乌骓马，提着长戟，严肃地来回巡视着楚军安营扎寨。看着混沌的苍天，项羽心里隐隐有些不安。可自己已经别无选择，只能尽人事、听天命。

突然，他发现周围出现了一队队汉军，汉军们打着旗帜，从四面八方围住了垓下。项羽立马嗅到了死亡的气味，他率领楚军，赶紧往外面奔去。

眼看对自己的包围圈越来越严密，项羽怒吼一声，冲进了汉军的阵营。虽然楚军英勇，项羽善战，但面对同样勇猛，且人数三倍于自己的汉军，项羽依旧吃了大亏。

这次突围，项羽以失败告终。

面对项羽几乎疯狂的反扑，汉军就像铜墙铁壁一般，将项羽死死地箍在里头。项羽在南面突围失败，只好退回大营，并筑起了深沟高垒，打算做困兽之斗。

可是，韩信又怎会给项羽喘息的机会？

随着汉军各部陆续到达作战区域，刘邦、韩信、彭越、英布、刘贾等人，从各个方向把项羽围了个水泄不通。

在这些汉军中，韩信手下的三十万人自然是歼灭楚军的主力。

如果韩信不来，就算把这几十万人塞给刘邦，刘邦也是不敢与项羽一战的。毕竟，当初项羽用五千人，打败刘邦五十多万人的经历，现在还让刘邦心有余悸。

也不能说其他汉军是来凑热闹的，他们的任务也很艰巨，那就是把项羽围困在垓下，不能令其逃脱。当项羽成为瓮中之鳖后，就该轮到韩信大将军出手了。

如今，举目望天下，再没有一个人敢对韩信不服气。不管是汉国将士，还是他国人，大家都对韩信崇拜有加。

刘邦从南郑一路走来，这天下尽是韩信打下来的。此时，由韩信完成对项羽的最后一击，也是再合理不过的事了。

在项羽面前，韩信总觉得自己还是那个执戟郎，他觉得项羽一直看不起自己。当然事实也是如此，韩信在项羽眼里，不过是个胯下懦夫罢了。

因此，他更需要垓下一战，用血与力量，获得项羽的认同。

韩信率领大军，由齐国向南面而来。当时，韩信设定的包围圈是很讲究的：自己亲率的三十万大军在第一线；刘邦在第二线，躲在自己身后；周勃与柴武在第三线殿后。

韩信将刘邦安置在第二线，是为了让刘邦获得最严密的保护。如果有意外从前后方发生，自己和周勃也能保住刘邦另谋打算。

韩信新训练的三十万汉军，在汉军各部中属于精锐。由他们打头阵，相信不用第二线、第三线的汉军出手，楚军就能被他击溃。

汉军兵多将广，粮草充足，又有韩信大将军亲自坐镇，士气自然高昂。大家的双眼都被韩信的部队吸引，却忽略了韩信身边两位不太引人注目的将军——孔熙和陈贺。

这二位将军站在韩信身边，各自率领一队人马，护卫大军两侧。

汉军将士们颇有不解，为何韩信将孔熙和陈贺如此安排，这样简直是弱化用兵优势。如果把孔熙、陈贺的部队收归己用，集中兵力打项羽岂不更好?

其实，韩信如此安排，正是秉承了《孙子兵法·势第五》中所记载的“以正合，以奇胜”。韩信用自己的重兵当诱饵，吸引项羽的主力，引蛇出洞。

汉军和楚军兵力都不弱，当项羽出来后，必定摆一字长蛇阵对抗韩信。

此时，孔熙、陈贺二人便可率领各自军队，从两侧出发，将楚军长蛇阵型打乱。等楚军首尾不能相顾后，韩信再率军反击，一战杀楚。

韩信不怕项羽，但他从不轻视项羽。他知道，项羽毕竟是昔日霸王，楚军也尚有一搏之力，自己必须做好万全的准备，才能赢得最后的胜利。

项羽崇尚暴力，韩信擅长兵法。

是力者为王，还是智者为王，历史马上就要给出答案。

3. 垓下决战

风云变幻，时光如白驹过隙，令人嗟叹。

自韩信从楚营逃出、投奔汉王，到双方的再次见面已是四年有余。

虽然他们每日都能从哨兵处听到对方的消息，但当韩信亲眼看到项羽时，才发现他还是当年的项王，还是当年意气风发的模样。

跨乌骓，执长戟，面容俊朗，豪气干云。唯一不同的，是韩信从这位骄傲依旧的霸王眼中，看到了一丝落寞与沧桑。

韩信在观察项羽，项羽也在观察韩信。

那个曾经被自己肆意辱骂的小小执戟郎，如今正骑在高头大马上，神情严峻地审视着自己。再见面，自己还是西楚霸王，而对方却成了敌国最高军事统帅。

在韩信脸上，也再看不到当年的谨慎与谦卑了。

韩信一马当先，身后的将士们如众星捧月般站在韩信身后。项羽从韩信身上，似乎看到了自己当年的影子。

既出项羽，何生韩信？项羽的内心有些愤懑，早知道韩信会成自己心腹大患，还不如当时就杀了他，一了百了。

韩信当然知道项羽的想法，他没有跟项羽假意寒暄，也没有出言讥讽楚军。随着项羽缓缓举起长戟，十万楚军倾巢而出。

众人挥舞着手中的矛戈，追随在项羽身后。他们口中发出悲壮的呐喊，踏着垓下寒冷的土地，向前冲击。

他们是楚国人，他们要在同为楚人的韩信和刘邦面前，证明自己的血性。

面对楚军精锐，汉军一时也难与他们分出胜负。眼前的楚军，远不是韩信、刘邦这些早早寄居他国之楚人能够比较的。他们起义、举兵、复仇，都是从恢复楚国的角度出发。而韩信、刘邦缺乏这种意识，却恰恰成全了他们纵观天下的眼光。

看着这帮杀红了眼的楚军，韩信明白，汉军虽然人多势众，但却占不到什么便宜。

终于，“背水一战”的优势出现了！楚军们求生意识太过强烈，他们向汉军绵延杀来。

跟绝地求生的楚人不同，韩信手中的精英全是齐军。他们虽然归顺了汉国，也对韩信心服口服，但毕竟更接近于“雇佣兵”。面对死战的楚军，这些不知道为谁而战的齐军越来越招架不住。

《史记·高祖本纪》中说“淮阴先合，不利”，这说明了楚人作战的勇猛，也说明了硬碰硬，韩信并非项羽的对手。

可韩信原本就是靠兵法取胜，他喜欢后发制人，先消耗敌人的斗志和体力，然后乘其不备，攻其不意。

还记得韩信为这场战争埋下的两个伏笔吗？

就在双方陷入僵持、楚军逐渐显出优势时，孔熙与陈贺两位将军率兵从两侧攻杀进楚军大阵。顿时，楚军大阵被冲入的骑兵斩断了腰。

为了保证此次一战必胜，韩信舍弃了名将曹参和灌婴，起用了两个“初生牛犊不怕虎”的年轻人。

在韩信看来，此二人虽非重将，但渴望一战成名，他们的求胜欲望更强。

虽然史料中没有记载二人率领的士兵人数，但从效果上看，应该各不少于五万人。当时的楚军已经呈现疲惫态势，当二人以逸待劳，以不少于楚军总人数的兵力砸进楚军阵营时，楚军军营炸窝了。

看着脚步渐乱、疲惫不堪的楚军，韩信大喜过望。他知道，机会来了！

他立刻拔出宝剑，下了总攻的命令：“汉军将士们！项羽已经不行了！大家快随我冲杀！冲杀！冲杀！”

汉军将士们兴奋不已，而楚人则闻风丧胆，大有奔逃之势。

虽然韩信的三十万大军在这场战斗中损失不少，但对项羽，仍然保持着绝对的人数优势。在垓下平原上，汉楚双方都在为命运做最后一搏。这数十万热血男儿，为了彼此生存的权利展开了残酷的对决。

厮杀声不绝于耳，天地也为之变色！

西楚霸王站在乱军阵中，他看到了不远处韩信大将军的旗帜。项羽握住手中大戟，心下暗想：如果能踏马直取韩信性命，汉军必然军心大乱，这也是我楚国唯一的生存之路。

可韩信熟读兵法，焉能不知项羽的想法？

他早就奔往一个相对狭小的空间里，这数十万人为韩信形成一个天然屏障，让项羽不能接近他分毫。

眼看着身边的士兵越来越少，项羽仿佛听到了死神的召唤声。

他有些绝望，汉军的包围圈越来越小，而韩信还源源不断地往里调兵。项羽已经坚持不下去了，他知道自己已经输了，再打下去，也不过是做困兽之斗罢了。

韩信看到项羽脸上的绝望，心里顿时大喜。

连楚军主帅都绝望了，更遑论这些楚兵呢？

他在马上大吼一声：“项羽已经不行了！追杀项羽！汉王已向我许诺！谁能砍下项羽头颅！赏千金！封万户侯！”

顿时，汉军士兵们就像打了鸡血，更加疯狂地扑上楚军。楚军被韩信喊得心神大乱，越打越没有章法。

项羽咬了咬牙，大喊了一声：“随我撤退！”

楚军听了，立马如获大赦般且战且退。虽然楚军人数很少，但对项羽的忠诚度很高。这些楚军都是项羽亲手带出来的。在他们的字典里没有投降二字，哪怕形势多么不利，只要项羽一声令下，他们就可以赴汤蹈火、战死沙场。

在楚军的厮杀下，项羽带领一部分兵力逃回了大营。回到大营后，项羽便命人筑高台，挖深沟，死守不战。

刘邦催促韩信捉拿项羽，可韩信却深知穷寇莫追，此时项羽依然在汉军的包围圈里，而士兵也需要休整。想要杀死项羽，现在还不是时候。

韩信对刘邦说道："大王，如今项羽被我们逼回大营，他们四面八方都被我们包围了，根本没有退路。而且，楚军有一个致命伤，那就是无粮。后方的粮草源源不断地运往我方，只要我方坚守在此，楚军就会人心涣散。多待一天，项羽就离地狱多近一分。"

听完韩信的分析，刘邦拊掌大笑。

看来，这西楚霸王的一世英明，此战之后也要成为绝唱了！

"大将军传令——楚军无粮无衾，围而不打！"

"大将军传令——楚军无粮无衾，围而不打！"

淮河北岸寒冷的冬日里，通信兵正在汉营各处奔走相告。

此时，楚军缩在大营里，没有抵御严寒的衣服，也没有军粮。他们思念亲人，思念故乡，身心都受到了严重摧残。

韩信给汉军下达的命令很清晰：我们有的是棉服，有的是粮食，而项羽已经支撑不了几日了，只要围住项羽，我们就能取得胜利。

这天，韩信正在各个军营里巡视。他发现汉军们围着篝火，一边吃喝，一边笑着讨论战争结束后回家的场面。

突然，他想到了一个好计策。

韩信赶紧来到刘邦大帐，对刘邦小声嘀咕了一番。

"哈哈！大将军果然妙计！四面楚歌，项羽必死！"刘邦听完韩信的计策，不由得哈哈大笑。

原来，韩信看到汉军将士们思念亲人，突然想到楚人肯定思乡更甚。于是，韩信命汉军将士们唱起楚国的歌谣。

刘邦将此计告诉了张良，张良一听，韩信竟想出如此妙计，不由对韩信更加佩服，他立刻写下了几首楚国歌谣。

张良曾在楚国下邳生活过十年，对楚国的民俗民风了如指掌。他在垓下做的这些歌谣，不但具有明显的楚辞风格，而且字字句句都说到了楚国人的心坎上。

汉兵们拿到楚歌后，纷纷围着篝火唱了起来。

韩信听着沧桑豪迈的楚歌，再看着不远处的楚营大帐，心中也升起了一丝悲凉。

4. 乌江自刎楚霸王

夜已深，可项羽却没有丝毫睡意。

虞姬在身侧默默地倒着酒，他无力地踞坐在案几前，一杯一杯地借酒消愁。

突然，他听到帐外唱起了楚歌，而且一声高过一声。

听着沧桑的故土歌谣，项羽想起了伐秦之路。这一路上，自己攻无不克，战无不胜，所有诸侯都臣服在他脚下。众星捧月，何等风光！

而今，自己却成了孤家寡人，被逼在垓下之地动弹不得，究竟是从哪里开始出错的呢？

项羽重重地叹了口气。他能理解将士们思乡的心情，谁不渴望回到故土呢？

想到这儿，项羽掀起帘子出账，想跟大家共同唱和一曲楚歌。可当他掀起帘子后，才发现楚营里异常安静，楚兵只是满脸泪痕地望月流涕。

项羽定下心神，仔细倾听，他突然发现，这楚歌竟是从汉军营里传出来的！

一曲凄凉悲惋的楚歌，伴随着埙声划破了清冷的旷野。明月似雪，夜凉如水，诉说着思乡之情的楚歌打破了夜的静谧，呜呜咽咽地唱进了楚兵的心里。

项羽看着哽咽的楚兵，突然明白了这是韩信的计谋！

楚军已经成了困兽，他们的士气非常低落，营中弥漫的满是厌战与思乡的情绪。此时的“四面楚歌”，这无疑是给他们一记致命打击。

项羽阴沉着脸，默默回到了大帐。帐内，虞姬还侧坐在案几前，保持着倒酒的姿势。项羽纵然铁骨铮铮，此时也不禁泪流满面。

突然，他举起案几上的冷酒一饮而尽，然后仰天叹道：

力拔山兮气盖世，
时不利兮骓不逝。
骓不逝兮可奈何，
虞兮虞兮奈若何！

这首著名的《垓下歌》，唱尽了项羽英雄末路的无奈。

想当年，项羽意气风发，气吞万里。而今，上天不给自己机会，纵然自己一世英雄，也只能被困在垓下，死期可见。自己可以死，但虞姬怎么办呢？自己连心爱的女人都无法保护，还算什么英雄豪杰呢？

吟罢，项羽看着虞姬泪如雨下。虞姬自江东跟随项羽，一路东征西讨。她只是个女人，从前项羽得意时，她尚且每日担惊受怕。如今，项羽被困垓下，自己的命运又会怎样呢？

苟且偷生吗？可没了项羽，生又有何意义？

虞姬看着脆弱的昔日霸王，绝望而凄美地唱和道：

汉兵已略地，
四方楚歌声。
大王意气尽，
贱妾何聊生。

看到虞姬生死相伴的决心，项羽再也忍不住，与虞姬相拥而泣。

帐外楚兵听着项羽与虞姬悲凉的哀歌更加绝望，纷纷哭倒于地。一时间，楚营里哭声震天，项羽听着生死追随自己的亲兵们的哭声，心里哀痛不已。

一个决定在项羽心里慢慢成形：再拖下去必死无疑。必须要跳出汉军的包围圈，留得青山在，不怕没柴烧。帐外这些楚兵没必要陪自己一起走向灭亡，自己只需带一小队人马突围，若成，便开始新的人生；若不成，战死总好过被困死。

项羽对卫兵下令："你与八百亲卫骑兵随我突围。剩下人……原地待命!"

卫兵立马明白，这是项羽的最后一搏了。

项羽抛下大部分楚军，其实是为了救他们，因为汉军没有坑杀俘虏的习惯。卫兵热泪盈眶地传达了项羽的命令。

夜色茫茫，项羽和楚军都知道，成败在此一举了。

汉军营内火光点点，众人听着楚营里的阵阵哭声，都起劲儿地唱着楚歌。

这时，南线的汉军突然乱了套。谁都没想到项羽竟然用自杀式行为突围!

几乎在电光火石间，项羽便率八百骑兵冲破了汉军的鹿寨。眼看项羽就要到达外围，汉军赶紧调兵去往南线增援。

好在韩信提前设置了三重营防，每重营防都让项羽损兵折将。

可项羽来得突然，让汉军们猝不及防。加上骑兵的优势，项羽还是冲出了包围圈。当项羽冲出去后，他身边只剩下一百多个骑兵。

刘邦当然不会放虎归山。当他得知项羽突围后，立马派灌婴率五千骑兵追杀项羽。可项羽是轻骑，加上灌婴收到情报较晚。当他率军追杀时，项羽早就跑没影了。

淮河南岸一向是楚国旧地，项羽打马到此，心情一片大好。看样子，上天给了他一次机会，让他能重整旗鼓，回来再战刘邦。

正在他燃起希望时，突然前面出了一个岔路口。项羽虽是楚人，但自幼生活在江东地区。他对淮南可谓是毫不知情。

这时，他看到了一个农夫正在田里干活，于是便让身边一位将军上前问路。

项羽为人骄傲，他手下的将军也个个张狂。这位将军纵马踩踏着农田，上前喝住农夫说道："老头！这是项王，还不快来叩拜?"

农民一看，也顾不上心疼被踩坏的庄稼，赶紧到项羽马前跪下磕头。

项羽问道："这两条路，哪一条通往江东？"

农民指出一条路，说道："往左，可通往江东。"

他话音还没落，项羽一行人便打马直奔左边。可是，项羽走得太急了，他没有留意身后的农民露出了一丝诡异笑容。

他还没庆幸多久，便发现自己上当了。因为他眼前出现的，是远远望不到边的大沼泽。

项羽等人立刻大骂农夫无耻，他万万没想到，自己会在楚地，被楚国的老百姓欺骗！对项羽来说，他永远不明白"民心向背"是什么。

当他调转马头逃到东城时，刘邦派来的追兵已经咬了上来。

项羽身边，只剩下二十八人了。

《史记·项羽本纪》中记载："吾起兵至今八岁矣，身七十余战，所当者破，所击者服，未尝败北，遂霸有天下。然今卒困于此，此天之亡我，非战之罪也。今日固决死，愿为诸君快战，必三胜之，为诸君溃围，斩将，刈旗，令诸君知天亡我，非战之罪也。"

这说明项羽到死都不认为自己有错，他将失败归结于上天不容。项羽认为，自己是英雄盖世无双，刘邦是小人反复无常。可上天助汉不助楚，助刘不助项，这是何等悲凉。

悲愤的项羽下令："二十八人兵分四路，分别突围，能活下来的，九头山下会合！"

这二十八位楚军齐声领命，随着战马的擤鼻声，项羽开始了最后的反扑。不多时，这二十八个楚兵就战死了二人，项羽也被困在了乌江西岸。

正当项羽绝望之际，乌江亭长突然出现。他的出现，给项羽带来了生存的希望。

"项王，速速随我渡江！江东虽小，尚有数十万众，足可以与刘邦隔江对抗！"

面对乌江亭长的劝说，项羽却生出了骄傲之心。他突然发现，死亡并不可怕，可怕的是活着。于是，项羽对乌江亭长说道："我自垓下突围后，一直向南逃窜。我想回到江东，以图东山再起，可又无颜面对江东父老，心中有愧。”

项羽是想渡江的，不然就不会从垓下突围。可当渡江的机会来临，他却犹豫了。这是他骨子里的骄傲做出的决定，他鄙视逃跑行为。

面对数千汉军，项羽突然狂笑不止：“二十六人全部下马！与我短兵上阵！与汉军血战到底！”

随着项王最后的命令，众人发出一阵哀号，与项羽并肩向汉军杀去。项羽武力殊绝，天下根本没有敌手。可他毕竟是人，当他再也无力举起剑时，汉军士兵紧紧围住了他。

众人就这么僵持着，汉军知道，项羽已经没有力气冲杀了，可他们还是无一人敢冲上前，斩杀这位奄奄一息的西楚霸王。

北风呼啸，项羽浑身是血，拄剑站在众人中央。忽然，他看见汉军中有一故人，此人正是自己的旧日相识——吕马童。

吕马童身披汉军战服，看向项羽的眼神充满了躲闪和悲痛。

项羽一笑，对吕马童说道：“想不到，穷途末路之际，竟让我遇到故人。我听说，汉王为了买我头颅，给出了千金万户的封赏。今日，我便成全你吧。我死后，你可取我头颅献给汉王，以致富贵。”

说完，项羽缓缓举剑，置于颈上。仰望着隔江的故土，项羽脑海中闪过了一个个身影：项梁、怀王、范增、龙且、英布、虞姬……

项羽面露笑容，手起剑落，一代传奇轰然倒下。

时年，项羽三十一岁。

第四部分　云梦惊变

第十一章

锦衣荣归

1. 千古忠臣侍刘邦

项羽死后，吕马童拿到了项羽的头颅。

众汉军蜂拥而上，争夺起项羽的尸体来。在他们看来，项羽的尸体就是一堆冷冰冰的金块。为了功名利禄，汉军将士们杀成一团。

死了数十名汉军士兵后，最终有五个幸运儿得到了项羽的一部分尸体。

这五个人分别为：骑司马吕马童，郎中骑杨喜、王翳，郎中吕胜、杨武。

当这五个幸运儿回到垓下汉营，向刘邦邀功领赏时，刘邦眼眶突然有些湿润了。

他命人将项羽的尸体拼接完整，然后整军回国。大将军韩信看着项羽的尸体，也突然感到了一丝悲凉。

英雄不畏惧死亡，却怕孤独。

韩信沉默不语，刘邦也沉默不语。吕马童等人因抢割项羽尸首，被封万户侯。韩信的功劳比吕马童高出千万倍，又该封他什么呢？

早在韩信围攻垓下时，刘邦就遭受韩信“胁迫”，封其为楚王。又为了让韩信出兵，听从张良的建议，将淮阴等地尽皆封给了他。

可以说，刘邦心里是不喜欢韩信的，可刚打了胜仗，不给韩信封赏又怎能说得过去？

一番思索后，刘邦决定先把韩信的兵权要到手。

这日，刘邦笑嘻嘻地唤韩信前来。韩信刚到，刘邦便说：“大将军韩信劳苦功高，为汉国训练出不少精兵强将，我心甚慰。这齐国到底不是你的故乡，我已经把你的故乡淮阴封给你了，不如你就去做楚王吧，也好衣锦还乡。至于你在齐国的职务，一时也没人有资格代替你……就先交给我吧！”

韩信何等聪明，一听就知道刘邦又惦记着兵权呢。

他看了一眼惴惴不安的刘邦，沉默不语。

刘邦看韩信没说话，心里开始没底了。毕竟齐国论国土，论富庶程度，都是远远高于楚地的。韩信会不会贪恋齐国的繁华，或者贪恋兵权，站在自己的对立面？

还没等刘邦继续想下去，韩信就叹了口气。在众人面前，自己不能让刘邦下不来台，更不能拂了汉王的面子。

想到这儿，韩信撩起盔甲跪下，双手交出了兵符和印信。

刘邦看韩信顺从地交出了兵权，顿时眉开眼笑道："大将军快快请起，齐王和楚王都是王爵嘛，何况，淮阴是你的故乡，有什么能比衣锦还乡更荣耀的呢？"

韩信腹诽了刘邦几句，可表面还是无奈地说道："大王所言极是，韩信领命谢恩。"

其实，刘邦封韩信为楚王，还另有一层深意。当年的项羽就是楚王，可他与自己作对，只能落得个身首异处的下场。刘邦希望韩信以项羽为戒，不要造反。

不管韩信能不能参透刘邦的用意，他都已经交出了兵权。何况，韩信对刘邦一向忠心耿耿。如果韩信想造反，早在蒯通劝他自立时，他就已经反了，还用等到现在？

如此看来，参不透的人恰恰是刘邦。

在刘邦看来，让韩信拥兵自重就是个隐患。只有让韩信变成光杆司令，自己才能睡得安稳。

剿灭了项羽，刘邦又起兵北上伐鲁。韩信失去了兵权，只能率军在刘邦身后随行。

韩信本想继续建功立业，率军打仗，可刘邦哪会再给他露脸的机会？

大军行进到定陶时，刘邦将韩信留在了定陶休养，自己率大军进驻鲁县。定陶是项梁当初被杀的地方，让韩信驻扎在此，也是刘邦给他的警告。

韩信如何不知刘邦的心意？自南郑出兵，战功都让韩信拿了。汉王刘邦的战绩，只有兵败彭城和被困荥阳。

刘邦一向爱面子，他怎能容忍一个将军比大王风光？韩信一向忠诚，他也理解刘邦渴望露脸的想法。因此，韩信二话没说，顺水推舟地成全了刘邦。

韩信没有去成鲁县，他心里自然不爽。可年轻尚不得志时，自己连石头都可看作演练兵法的工具。如今，手下还有十万之众，操练操练兵法还是绰绰有余的。

项羽已死，拿谁当自己的对手呢？

韩信把目光投向了北方辽阔的大草原。听说那里有一个游牧民族，叫作匈奴。匈奴人拥有世界上最厉害的骑兵。这些匈奴骑兵连年犯边，汉国以后的心腹之患，必定是草原上的匈奴人。

想到这儿，韩信打起精神，准备以匈奴人为假想敌，在定陶来一场兵法演习。

可让韩信目瞪口呆的是，演习命令还没发出去，刘邦就以迅雷不及掩耳之势冲入了定陶大帐。

韩信看着刘邦有些纳闷："大王，您不是要去鲁县吗？如今折返定陶，所谓何事？"

刘邦一脸皮笑肉不笑地打量了一下大帐四周，然后窜上案几，将韩信的兵符拿到手里，匆匆离去了。

《史记·淮阴侯传》中记载着"高祖袭夺齐王军"，说明刘邦没有跟韩信商量，直接从韩信这儿拿走了兵符。这也不是刘邦第一次偷走韩信兵符了，在刘邦看来，韩信从来都不是自己的朋友。

看着刘邦的举动，韩信算明白了，原来刘邦一直都不是自己的伯乐！自己忠心耿耿，换来的只是汉王的无情压制！

韩信心里很憋屈，但他表面平静如水。毕竟他从未有背叛刘邦的想法，在他看来，自己的兵就是汉王的兵。如果汉王在调动军队时，能跟自己商量一下，自己一定会非常乐意地将士兵和兵符交给汉王的。

彻底失去兵权的韩信，就这样被刘邦连夜打发回了楚地。来到楚地后，韩信才发现，原来刘邦给自己定的都城不是重镇彭城，而是小镇下邳。

同样没得到好果子的，还有被刘邦封为梁王的彭越。

论起功劳，彭越比不上韩信。可论起抗楚的功劳，彭越的功劳却不小。

韩信虽然屡建奇功，但他的对手都相对较弱。韩信与项羽的正面交战，也只有垓下一战。而彭越一支孤军多年在楚国腹地打游击，数次与项羽短兵相接，极大地帮助刘邦削弱了项羽的实力。

刘邦虽封彭越为梁王，却没有将其国都设在重镇大梁。刘邦把彭越封在了小城定陶，这也极大限制了彭越日后的发展。

韩信还没到封地，汉王便派遣一使者朝韩信奔来。

韩信见汉王使者，还以为汉王心中有愧，重新修改了对分封的任命。谁知一问，韩信失望得差点儿从马背上掉下来。

原来，刘邦不愿主动称帝，他想让韩信等诸侯王，以联名上疏的方式请他称帝。

《汉书·高帝纪》中，众诸侯的劝进疏是这样写的："先时，秦为亡道，天下诛之。大王先得秦王，定关中，于天下功最多。存亡定危，救败继绝，以安万民，功盛德厚。又加惠于诸侯王有功者，使得立社稷。地分已定，而位号比拟，亡上下之分，大王功德之著，于后世不宣。昧死再拜上皇帝尊号。"

这下子，韩信可看透了刘邦虚伪的本质。明明自己想做皇帝，可非要众人三请三劝，他才能"勉为其难"地接受皇帝尊号。

汉五年（前202）春二月初三，身穿黑色龙袍（模仿秦国龙袍）的刘邦在侍臣的搀扶下，意气风发地登上了高台，接受众位诸侯王和臣民的跪拜。

刘邦将镇守国家、安抚百姓等事交给了文臣们管理。同时，他当众坚持，首功之臣为萧何。众诸侯王面面相觑，在他们看来，这天下首功应当是韩信才对。

可韩信哪会在乎这个，何况刘邦此举，摆明是要告知天下：大局已定，今后要重文轻武，以文治国了。

随着天下初定，刘邦将大权尽握于自己手中。

张良和陈平早早看出了刘邦的深意，于是纷纷隐匿下来。至于韩信，他虽然看出刘邦的心思，但却不信刘邦会加害自己。

此刻，韩信正意气风发地前往故乡——淮阴。

2. 有恩必报，有辱则偿

“……等日后我封侯拜相，一定赠予您千金，报答您对我的恩情！”回归淮阴的路上，韩信一直想着自己对漂母的承诺。

想到自己夙愿得偿，韩信不免激动万分。

如今，马上就要回到故乡了，当年那些欺辱自己的人，他们还在吗？

怀揣着复杂的心情，韩信来到距淮阴只有一日路程的下邳。如何报答昔日的恩情，又要如何惩治那些恶人呢？

想着想着，韩信慢慢打定了主意：“车驾南行！去淮阴！”

韩信在下邳休整，淮阴却炸了窝。楚王韩信衣锦还乡的消息，早就轰动了整个淮阴城。城内，最惴惴不安的两个人，当属辱骂韩信的亭长夫人，和让“胯下辱夫”四个字永远陪着韩信的恶少了。

他们怎么也不敢相信，当年任由自己欺凌的落魄贵族，会成为今日的楚王！想到韩信的权力，想到自己即将受到的刑罚，这几个人简直如坐针毡，恨不得掘地三尺遁走他乡！可韩信是楚王，就算离乡逃命，还能逃过韩信的手掌心吗？

这日，阳光异常明媚，楚王韩信的车驾浩浩荡荡地驶入了淮阴城。韩信的车驾旁，有数百名卫兵手持卤楯，卤楯兵内侧，另有士兵高举矛、戈、戟、弓、剑内行。

楚王的幡旗后，各部的将军、大臣穿着楚国的官服盛装跟随。

韩信作为诸侯王，亲自坐在四匹骏马拉着的车上，他戴冠服衮，将剑放在膝前。那面如止水的沉静，让人不由得产生一种错觉，仿佛韩信，还是当初那个执剑的少年。

根据礼仪官的要求，韩信现在是衣锦还乡，需要放慢车速，让家乡父老仔细观瞻。韩信当然乐意如此，他也想让乡亲们都看一看，当初那个落魄的穷小子，如今是何等八面威风地坐在王驾之上的。

年轻的楚王心潮澎湃，他看着四周熟悉的街道，自己还能叫出很多人、很多店的名字。可他们依旧是百姓，而他已经是楚王了。

人群中，他忽然发现了曾经欺辱自己的恶少。他身穿破烂的布衣，正一脸羡慕或惊恐地看着自己的车驾。

韩信暗自好笑，但他现在无心处理恶少，他还有更重要的事情要做。

车马呼啸而过，韩信的心情越来越激动，眼前那片逐渐显现的荒地之下，埋葬着他的母亲。

当初，他身无分文，无法将母亲妥善安葬，只能选择一片能容万户守冢的宽广之地，将母亲深深葬入其中。

韩信少年之时的决定，没少遭遇白眼和嘲笑，可那些嘲笑韩信的人如今才发现，当初那个连饭都吃不起的穷小子，用现实狠狠地抽了自己一嘴巴。

韩信缓缓走下车驾，令随从远远站在后面。他独自跪在母亲坟前，难以克制自己情绪。自从韩信负剑离乡、闯荡天下后，这片荒芜之地再无人清扫了。如今，坟茔之上荒草丛生，头顶偶尔有乱鸦飞过，为这悲凉的情景更平添了一丝凄楚。

他眼含热泪，拔掉了几株荒草，轻轻地向坟中的母亲诉说着自己的心酸与荣耀。

他默默地诉说着，默默地流泪着，如今自己贵为楚王，但母亲却不能看到这荣耀的一面，这是何等悲伤凄凉。

正当韩信沉浸在怀念与悲伤中，一名哨兵轻轻走上前来，道："启禀楚王，漂母找到了……"

韩信闻言为之一振。他对坟冢重重叩了三个头，轻声道："母亲，孩儿走了，当初漂母对我有恩，如今该是孩儿报恩的时候了。"

韩信擦了擦眼泪，乘车回到了淮阴县城。

淮阴毕竟只是个小县城，在整个淮阴县里，最气派的地方当属淮阴县衙。在这样一个气派的地方接待楚王的恩人与仇人是再合适不过的了。

一别数年，漂母已是满头斑白。她颤巍巍地走上县衙，发现楚王竟然有些面熟。

漂母不由得看呆了，不多时，她突然想起，眼前这位尊贵的楚王，可不正跟当年没饭吃的落魄王孙一个样吗？

岁月如白驹过隙，她早已经忘了那个落魄的韩信。当韩信锦衣华服地出现在自己面前时，回忆也如潮水般涌进漂母脑海里。

此时，一属官端着一大盘金子走了过来。韩信立刻上前，亲自将托盘接过，恭敬地站在漂母面前。韩信有些动情，他感激地说道："您还记得我当年许下的千金之诺吗？虽然您不图我的回报，但我衣锦还乡，又怎能不兑现自己的诺言呢？还请您收下金子，成全我渴望报答您的心意吧！"

漂母没有拒绝韩信的报恩，这不仅是荣华富贵，更是儿子对母亲的一片心意。

韩信对漂母说了很多感激的话，并派贴身属官将漂母送回。韩信许诺，等回到都城下邳时，定会将漂母一同接去，好好侍奉。

送走漂母后，韩信收敛了脸上温柔的表情。接下来，他要接见另一位故人了。

大堂之上，南昌亭长被人带了上来。或许是因为太过害怕，或许是因为心里有愧，那位亭长夫人并没有随行而来。

南昌亭长赶紧对楚王行了大礼，他跪在台下，眼睛不敢往上看。妻子如此辱骂楚王，自己还能有好下场吗？他默默地等候着韩信的发落。

良久，韩信叫人拿来了一百个大钱。

他把大钱扔在亭长面前，道："当年，你收留我在你家吃饭，于我有恩。今日，我本应厚赠你千金，可你却纵容你妻羞辱我。做好事不能有始有终，实在令人心寒。今日，赐你一百钱，回报你给予我的饭食。"

南昌亭长尴尬地捡起大钱，并不敢有怨言。在他看来，妻子将韩信辱骂到那种地步，如今，韩信没有杀了他们泄愤已是大恩，哪还敢要求韩信的回报呢？

南昌亭长满面通红地低头退下，楚王在座上不由冷笑。原本，南昌亭长带给自己的感动不比漂母浅，可正因为自己如此爱戴他，他对自己造成的伤害才更大。

处理完南昌亭长后，下一个便轮到让韩信受“胯下之辱”的恶少了。

当卫兵们从屠户家，将恶少绑起抓走时，恶少和他的家人们纷纷哭喊绝望了。他们没想到报应竟然来得如此之快，那个昔日落魄的少年，竟然变成了高高在上的楚王！

县衙门外，来看热闹的人围了里三层外三层，大家都想看看韩信会怎样羞辱这位恶少。

韩信执剑在上座，执戟士兵们雄赳赳气昂昂地站在两侧。恶少被五花大绑，跪在地上。他不敢抬头看韩信的眼睛，但腰板始终挺直。

要说韩信对恶少没有一点儿痛恨，这肯定是不可能的。他当即起身，拔出宝剑走到台下。看热闹的众人纷纷起哄叫好，等着韩信一剑杀了恶少。

可让大家没想到的是，韩信竟然用剑锋挑断了恶少的绳索，并让他站起来。

劫后余生，恶少的膝盖有些发抖，腿也有些发软。当他哆哆嗦嗦又强装镇定地站起身后，韩信大声说道：“当年，就在距离此地不远的地方，我在此人胯下伏行而过。天下都以为我怯懦，并以此为辱。大将龙且也用此事来羞辱我。可真正的英雄，难道不该能屈能伸吗？我的剑三尺寒光，当日如何杀不得他？只是杀了他，我就再没有横扫天下的机会了。如今，我是楚王，他是百姓。当初那些看不起我的人，今日又纷纷指责此人为小人。他落在我的手里，我灭他九族又有何难？可我素来认为，这个人是个壮士，他不该被我杀死。”

众人听得纷纷点头，恶少也因韩信的一番话羞愧难当。

“……此屠，可为楚中尉！”韩信指着恶少大声说道。这句话让在场众人都惊呆了。中尉一职至关重要，相当于楚国的公安部部长。

众人都没想到，韩信不但没有杀他，还让他平步青云，官运亨通。

自此以后，天下无不称颂韩信心胸宽广，爱才心切，也有越来越多的壮士来到韩信门下，愿意为其效忠。这其中，就包括项羽的昔日大将钟离眛。

第十二章

鸟尽弓藏，兔死狗烹

1. 云梦之计

“韩信，你贵为楚王，我不过是一阶下囚。我来投靠你，你竟愿收留我。从此，我钟离眛就任你差遣了！”楚王宫内，一员大将双手抱拳，冲韩信说道。

韩信赶紧上前握住钟离眛的双手，道：“你我都在项羽手下做事，我拿你当朋友看待。如今，朋友有难来投靠我，我怎能不帮衬呢？”

正在二人互相感慨时，一哨兵来到楚王宫内，道：“启禀楚王！皇帝发来命令，项羽旧部钟离眛逃往楚国境内，请您速速捉拿他，绑送皇帝处！”

韩信看了一眼身边的钟离眛，说道：“去告诉皇帝，钟离眛已经逃走了，我没有抓到他。”

钟离眛大为感动，当下发誓，永远站在韩信一方。

使者回到都城，将韩信的话一五一十告知刘邦。刘邦听说韩信没抓到钟离眛，心里有些不是滋味。钟离眛是项羽旧将，也是自己的敌人。钟离眛一日不死，自己就一日不安。

当然，比起钟离眛，更让刘邦担心的是楚王韩信。

自韩信当了楚王后，刘邦就一直寝食不安。

当初，自己兵败彭城，将韩信手下的军队尽握于手。可没过几月，韩信就又拉起大旗，训练了十几万精兵。

这种速度太让人恐惧了，一想到韩信可能在淮阴发展壮大，刘邦就急得吃不下、睡不着。

刘邦在都城如此防范韩信，韩信却在淮阴逍遥自在。

他早把刘邦当成了亲人。在韩信看来，当初跟刘邦耍心眼要封地，无非是撒娇要封赏而已。

可韩信万万没想到，刘邦不仅不把他当儿子，还像防贼一样防着他。

刘邦分封韩信到楚国的理由是韩信是楚人，但刘邦自己也是楚人，他却将国都定在了国之中心洛阳。从这儿就能看出刘邦对韩信的意思，不过是暂时不能杀罢了。

刘邦本就打算承袭秦始皇的郡县制，他怎能容忍大权旁落、诸侯并起呢？随着刘邦几次三番褫夺兵权，随着自己封地越来越少，韩信多多少少也觉察出刘邦的心思了。

可让韩信真正警觉的，还是刘邦处理丁公一事的态度。

丁公曾是项羽的部将，彭城之战中，丁公放了刘邦一马。如果不是丁公，刘邦早就死在项羽长戟之下了。

天下初定后，丁公看到英布降汉受到重用心里不痛快，他出山去找刘邦，请他给自己一个官职。可刘邦却以“丁公对项羽不忠”为名，当场将其斩杀。

其实，刘邦完全可以重用他，得一个知恩图报的美名。可他坚持杀掉丁公，为什么？就是为了给韩信等诸侯王一个警告。

早在丁公出事之前，前齐重臣田横就在赴洛阳的途中自杀了。

刘邦召田横来洛阳见驾，一定是要杀之而后快。得知田横的自杀消息，刘邦还假惺惺地哭了一场。如今看来，田横自杀一事，多半也是因为他在刘邦那里看不到生路。

试想，如果刘邦将齐国封给田横，除非刘邦想要重新重用韩信，否则就等于主动放弃了齐国这片土地。田横肯定会振臂高呼，成为心腹大患。

看到刘邦在洛阳大刀阔斧地行动，张良等人开始劝其西进。

洛阳是刘邦青睐的地方，他一心想把富庶繁华的洛阳当作都城。刘邦不愿意挪窝。

张良无奈地说道：“大王，您大刀阔斧地撤藩，势必会遭到诸侯王的反抗。如果他们推进，您就要在洛阳城头上与他们见面了！不如迁都关中，那里四面都是高野，又有潼关之险。上有蒲坂渡，中有风陵渡，下有蓝田关，实在比河南安全很多啊！”

刘邦听完张良的劝说，这才同意将都城迁往关中。

刘邦跟诸侯王算是结下仇了。除了韩信，其他诸侯王也纷纷闻到血腥的气味。他们都预感到，刘邦是打算鸟尽弓藏了。

率先跟刘邦撕破脸的，是燕王臧荼。

汉五年（前 202）秋，刘邦决定亲征臧荼。他之所以下这个决定，是因为臧荼实力确实太弱，而且自己又想在诸侯王面前树立威信。

刘邦手下的兵都是韩信亲自训练的，他们还没发挥出真实水平，就把臧荼打得屁滚尿流。

根据《前汉纪·卷三》记载，臧荼八月造反，九月就被刘邦平定。

根据《史记·卢绾传》记载，臧荼是主动向刘邦投降的。这场战争来得突然，结束更突然。根据史料记载，这场战争很有可能是臧荼和刘邦演的"双簧"，为的就是让刘邦的削藩大计更有说服力。

随着刘邦大刀阔斧地削藩，韩信也感到了一丝威胁。

汉六年（前 201），一个人悄悄来到刘邦的宫殿，他给刘邦带去一个让刘邦做梦都会笑醒的消息："大王，楚王韩信要谋反！"

刘邦大喜，但嘴里还是训斥道："不要胡言，韩信是我亲自封的楚王，他怎么会造反！"

来人一看刘邦的表情，便知道自己这次赌对了。于是，他声情并茂地诬陷道："臣是有真凭实据，才敢如此说的。钟离昧现在就在韩信宫中！记得您当时抓捕钟离昧，韩信亲口告诉您'钟离昧已经逃走，臣没有抓到他'吗？可如今，二人正在楚王宫内饮酒呢！"

这话一出，刘邦不由得跳脚大骂道："这个小人韩信！竟然欺骗我！他明知钟离昧是我仇敌，还做出如此悖逆之事！"

发怒归发怒，刘邦还是很高兴有机会除掉韩信的。他立马将陈平召到宫内，随即道："今天有人向我告发韩信谋反，我该怎么办呢？"

陈平当然知道韩信为人忠诚，根本不会谋反，于是他问刘邦道："大王想怎么办呢？"

刘邦说道："我想领兵东进，又怕……"

陈平说道："又怕自己不是韩信的对手？"

刘邦点头，道："是啊，韩信号称'兵仙'，又是当之无愧的战神，在军队中威望极高。如果我被他打败，他必定会杀了我的！"

陈平笑着说道："您多虑了，韩信这个人极重承诺，又非常忠诚，他不会对您怎么样的。你想发兵打他，是忌惮他吧？"

刘邦看陈平说出了自己的想法，也笑道："不错，有韩信一日，我心里总是不安啊！"

陈平想了想，答道："攻打韩信不能力敌，只能智取。当初秦始皇喜欢云游四方，巡查领地，您为何不效仿他，去巡游一番呢？您巡游时，可在云梦召韩信见驾，等韩信来时，再命令左右，将其捉拿！"

刘邦闻言大喜，当即拍板同意。

当初，韩信身边的谋士蒯通曾言，如果韩信不造反，他日必将被汉王所害。

对于蒯通来说，他能轻而易举地用政治生命换取肉体生命。可对于韩信来说，他始终不愿相信刘邦会背弃自己。

时间马上就会证明蒯通的远见，一场大祸，正悄悄降临在战神身上。

2. 收留钟离昧，官贬淮阴侯

"报！启禀楚王！皇帝要巡游云梦，请您去陈接驾！"楚王宫内，一名哨兵匆匆禀告道。

陈在楚国边境。如今天下初定，百废待兴，刘邦不在都城里治理天下，偏偏要来这偏远之地接见诸侯，这是何故？

韩信心中犯起了嘀咕，之前，刘邦接见的诸侯没一个有好下场。今日，刘邦要接见自己，难道是想杀掉自己吗？

想到这儿，韩信不禁皱起了眉头。

这时，韩信身边一位谋臣进来，看到韩信愁眉不展的样子，轻声问道："大王，您为何发愁？可是为了皇帝游历云梦的事？"

韩信点头道："不错，皇帝不在都城发展生产，却要在云梦大会诸侯。陈在我楚国边境，皇帝分明是冲着我来的啊。"

那人略一思索，说道："大王，这事已经很明白了。定是朝中有小人进谗言，诬告您谋反啊。"

韩信一听，顿时气得直喊冤："我对皇上忠心耿耿，日月可鉴。皇上怎会听信小人谗言，相信我要谋反呢？"

那人笑了笑，说道："您可还记得蒯通先生，他早就预言了'狡兔死，走狗烹；飞鸟尽，良弓藏；敌国破，谋臣亡'。如今，您替皇上平定天下，他是皇上，而您是'兵仙'啊！不管您有没有过错，皇帝都会找借口杀掉您的！"

韩信一听蒯通的名字，顿时沉默了。他想了想，说道："我带兵助皇上平定天下，没有功劳也有苦劳，皇上怎会借机杀我？"

那人苦笑道："您不是没有功劳，而是功劳太大，甚至超过了皇帝本人。您想想，君王侧卧，岂容他人酣睡？如今，皇帝的眼中钉、肉中刺就是您与其他几位诸侯王。他当然知道您忠心，他怀疑的也不是您的忠心，而是您的能力啊。你的存在，就让皇帝感到威胁。"

韩信点点头，觉得对方分析得有理："那依先生之见，我应该怎么办呢？"

那人说道："不管如何，皇上都会对您下手，还不如您起兵造反，一举攻破皇上的大军，然后自己称帝，稳固四方！"

韩信吓出一身冷汗，道："这话可说不得啊！这是灭九族的大罪！我就当你没说过，日后不要再提了！"

那人看韩信没有起兵的心思，又劝道："大王！您的危险就在眼前啊！您现在犹豫不决，等皇上把您抓住，就说什么都晚了！"

韩信叹了口气，说道："不管怎样，皇上对我有知遇之恩。我为他出生入死，打下了半壁江山。如今，我怎忍心与他兵戎相见？"

那人见韩信如此固执，有些着急道："大王！切勿糊涂啊！您一世英名，在战场上总能料敌于先，如今灾祸迫在眉睫，您怎么就看不透呢！"

韩信无力地挥挥手，道："我意已决，先生且去吧。"

那人见韩信心意已决，只好叹了口气，对着韩信深施一礼，转头离开了。

夜里，韩信辗转反侧，脑海里全是蒯通和今日之人的话。他是聪明人，他何尝不知道，唯一的出路就是起兵谋反。

可他的忠诚不允许他这样，他的信念也不允许他这样。想到这儿，他不禁叹了口气。

第二天清早，韩信坐在王座上发呆，一个跟随自己多年的部下上前说道："大王，您可是有心事？是为皇上游历云梦之事？"

韩信点头，道："是啊，你们都看出来皇上的意思，我又何尝不知呢？"

这位部下犹豫了片刻，说道："大王，您何不起兵？只要您起兵，众位诸侯都会响应您。到时候，您可以杀了他，自己称帝！"

韩信一愣，怎么这么多劝自己谋反的？

他赶紧说道："你不要再说了，我已经决定，不管皇上要杀要剐，我都不会起兵。"

那人摇摇头，又说道："您不愿起兵，那臣还有一计。皇上认定您谋反，肯定是因为钟离眛。皇上深恨此人，您不如把钟离眛杀掉，将人头献给皇上。皇上一高兴，您就平安了。"

韩信立马说道："万万不可，钟离眛在项王兵败自杀后，就投靠了我。我一直拿他当朋友，如果我杀了他，那就是不义啊！"

这名部下摇摇头，说道："大王，自古忠义难两全。如果您起兵，那就是不忠，如果您杀掉钟离眛，就是不义。但您总要做出选择，还请您三思！"

韩信叹了口气，道："不要再说了，我不会背叛朋友，也不会起兵。你走吧。"

部下看着韩信落寞的表情，叹了口气，也转身离开了。

晚上，韩信怀揣心事，来到钟离眛的住处。二人是多年朋友，钟离眛看到韩信眉头深锁的样子，就知道是自己给他带来了麻烦。

"大王，你愁眉不展，是因为刘邦到游历云梦，大会诸侯吗？其实，在刘邦决定要来的那一刻，我就知道自己的性命到头了。若不是你，我早被刘邦抓住了。如今，就让我用这颗人头，报答你对我的恩情吧。"钟离眛一脸决绝地看着韩信。

韩信赶紧出言制止道："好兄弟，我怎么可能杀了你？我只是发愁，皇上对我有知遇之恩，我是万万不能出兵反他啊。"

钟离眛将剑横在自己颈上，说道："大王，如今我可用这颗人头，换你一时的平安。但只要你还是韩信，还是'兵仙'，就必定被刘邦忌惮。我在你身边，刘邦忌惮你我二人联手，你若失去我，刘邦下一个杀的就是你啊！"

韩信叹了口气，道："无论如何，我不会背叛他。你先把剑拿下来吧。"

钟离眛凄凉一笑，他当即手起剑落，死在了韩信面前。

韩信被眼前的情景吓了一跳，当他反应过来时，万分滋味涌上了心头。他重重叹了一口气，说道："我怎能不知，你一死，我的死期也就不远了啊。"

韩信割下钟离眛的人头，用一块布裹了，挂在腰间出门。他叫人牵来一匹快马，未带一兵一卒，就这样飞奔去往陈地。

这时，刘邦带着陈平等人，已经来到了云梦陈地，众位诸侯都到齐了，只有韩信未到。刘邦心里暗想："这韩信迟迟未来，不会正在准备起兵的事儿吧？"

正想着，小卒赶紧来报："皇上！楚王带着几名侍从，骑快马赶来了！"

刘邦一听，韩信只带了几个人，心里有些纳闷："韩信不会是自作诱饵，已经让钟离眛率大军在边境等我了吧？"

他赶紧说道："快，请楚王上来！"

韩信一上来，刘邦就嬉皮笑脸地说道："楚王一路奔波，实在是辛苦了，快请坐！"

韩信跪下没动，从腰间拿出包裹，说道："皇上，钟离眛人头在此，请您过目！"

什么？钟离眛死了？刘邦一听，顿时松了口气。

他立马换了副嘴脸，呵斥道："大胆韩信！你真是好啊，竟敢串通项羽余孽，准备造反！我早就接到大臣的举报了！快！把韩信抓起来！"

身边士兵赶紧上前，把韩信绑了。

韩信一看，刘邦不但没感谢自己杀掉钟离眛，反而还诬陷自己造反，他又心痛又委屈。想到钟离眛、蒯通等人的话，韩信慢慢站起来，说道："所谓'狡兔死，走狗烹；飞鸟尽，良弓藏；敌国破，谋臣亡'，现在天下平定了，也到了诛杀我的时候了！皇上，您忌讳我'兵仙'之名，三番两次夺我兵权，早就想除掉我了吧？"

刘邦看他说出了自己的心事，又看见众诸侯和大臣们的脸色都不好看，立马换了个笑脸，他不能让人指责自己杀掉功臣，嫉妒良将。

"怎么会！我肯定会查清楚这件事的！如果你被诬陷，我就把诬陷你的人斩首示众，总可以了吧？"说完，刘邦一招手，将韩信押了下去。

不久，韩信谋反之事就得到了平反。韩信本来就没有造反的意思，刘邦又能查出来什么呢？可他不能就这样放过韩信。

他派人将韩信押上来，说道："韩信，你虽无谋反之心，但也没有恭敬之心。念在你有功的份上，我不予追究。但楚王你是不能当了，就留在我身边，当个淮阴侯吧！"

韩信没有说话，在他看来，楚王和淮阴侯都一样，无甚分别。真正让他寒心的，是刘邦将自己留在身边监视。

想想自己的一腔赤诚，再想想刘邦的所作所为，韩信感慨万千。

"臣，谢恩——"

3. 高傲的战神

韩信被贬为淮阴侯，这是偶然，也是必然。

淮阴是县城，封韩信为淮阴侯，也是刘邦故意想降低韩信的政治级别。

王与侯最重要的区别，在于王有封地，掌握着一套独立的官僚系统。而侯只有封地之邑，有些不得志的侯，甚至跟亭长享受一样的赋。

韩信是一代战神，又是"兵仙"，他的骄傲，比普通人高出几百倍。刘邦如此羞辱他，他又怎能甘心？

自汉朝建立后，刘邦共封了一百四十三位有功之臣，其中，萧何被刘邦定为首功，这让很多武将都心生怨言。

当时，萧何的食邑是八千户，而平阳侯曹参和留侯张良的食邑都是万户。对于厚赏曹参，大家都表示没意见。因为曹参“身被七十创，攻城略地”，在武将中，除韩信外，功劳第一的便是曹参了。

可曹参军功如此显著，又是刘邦“沛县圈子”里的一员，也没被刘邦放在“汉初三杰”里。天下已定，刘邦是铁了心的重文轻武了。

这次，刘邦分封了二十多个大臣，都是平日里跟他亲近的人。其他有功之臣看到自己被冷落，出生入死反倒不如一班文臣，不由得大为光火。

有几个人实在憋屈，就去大殿上跟刘邦理论。

刘邦是什么人？他原本就是狎侮之人。他发起浑来，连最厉害的文臣都说不过他。刘邦看这些武将满脸不服，心里不屑道：我连韩信都治得服服帖帖的，还怕你们不成？

想到这儿，刘邦嬉皮笑脸地说出了历史上著名的“功狗论”：“打仗就像打猎，萧何在后方指挥，是猎人；你们在前方打仗，是猎狗。猎狗们打到猎物了，自然是有功，但你们想想，是猎狗的功劳大，还是猎人的功劳大？”

这一番话把武将们全说愣了，他们虽然不服气，但却无话反驳刘邦，只好纷纷闭嘴。

虽然武将们闭嘴了，但他们心里的气很难出。他们不像韩信，对刘邦有那么大的耐心。

这日，几个受冷落的武将聚在一起，准备起兵谋反。

正在几人商量时，张良从他们身边路过。几人的话被张良听见了，张良当即大惊。但他表面还是装作平静，甚至还笑着跟几人打了个招呼。

回到宫里，张良立马把这件事跟刘邦说了。

刘邦闻言大惊，道：“这可如何是好？一个韩信就够让我头疼的了！他们要是起兵造反，我该如何是好？重新起用韩信，那不等于放虎归山吗？”

张良赶紧让刘邦别激动，他给刘邦出了个主意：“大王，你最恨谁？”

刘邦没听明白张良的意思，但还是如实回答：“雍齿曾经背叛我，后又归降我。归降我后，虽有战功，但甚是傲慢。朝廷上下都知道，我恨不得杀了他。”

张良一笑道：“那就请您封雍齿为侯。大家都知道您恨雍齿，他们看雍齿这样的人，都能被您封为列侯，也就会觉得自己仕途一片光明了。”

刘邦恍然大悟，他赶紧下旨，封雍齿为什邡侯。就这样，他勉强平定了这次混乱。虽然刘邦将叛乱扼杀在了摇篮里，但他心里对异姓武将尤其是藩王却因此而越发忌惮、憎恶。

削藩之事，已是迫在眉睫。

再说韩信，当他听说萧何被封为汉初第一功臣后，心里还是十分高兴的。

如今，韩信已经被解除了兵权，不但没有封地，甚至连故乡都回不去。名义上，韩信是体面的侯爷，可实际上，他不过是被刘邦软禁起来的高级囚犯。

自从韩信官贬淮阴侯后，他就终日窝在侯府里晒太阳。有时，他会舞一段剑，有时，他会默默地喝酒。

韩信已经对刘邦彻底失望了，他甚至不想再见到刘邦。自己是“汉初三杰”，大汉的大半江山都是自己打下来的，如今，却只能窝在这高墙之内，苟且偷生，这是何等凄凉?

原本，他还怀抱着刘邦会重新起用自己的希望。可当他听到刘邦为举荐萧何所说的“功狗论”后，才发现从刘邦拜他为大将军的第一天起，就不过是在一直利用他罢了。

自己一腔赤诚，在刘邦看来不过是一条猎狗。想到蒯通、钟离眛等人的劝告，再看看自己现在的处境，韩信竟然苦笑出声。

自此，这位昔日的战神更加落寞。

刘邦派人请他参加朝会，他也推说身体有病，恕不奉陪。

刘邦知道韩信的心思，也就没有执意邀请他。对刘邦来说，他很享受韩信被打压时毫无还手能力的样子。

如果当初刘邦诱捕韩信时，韩信没有喊出“天下已定，我固当烹”的话，说不定自己当时就将韩信杀掉了。虽然韩信现在称病示弱，但“兵仙”

的存在，依然是让人忌惮的。

这一点，高傲的韩信就不如张良了。早在大汉初定时期，张良就有意无意地同刘邦保持距离。而韩信为人高傲，总想凌驾于诸侯之上。在皇帝看来，这样的人自然是不知进退了。

自韩信出世以来，他就一直是个狂人。刘邦、项羽在他眼中，不过是两个能与自己比肩的普通人。刘邦身边的将军们，周勃是在白事上吹喇叭的；灌婴是卖布的；樊哙是杀狗贩肉的。跟他们在一起，韩信自然而然地会抬高自己。

但凡有点才华的人，都会格外高傲一些，普通人尚且如此，何况韩信?

有些聪明人会掩饰自己的锋芒，可韩信却属于不太会社交的人。从他与刘邦最初的际遇来看，就能看出韩信不如刘邦的地方。

不仅是韩信自己，就连汉国的武将们，对韩信也是无一不服的。

就说这日，韩信在回府的路上，发现新多了一处豪华的宅子。经过一番打听，韩信得知这竟然是樊哙的府第。

想着大家同朝称臣，彼此又是出生入死的旧相识，韩信便整理了衣冠，登门拜访。

樊哙赶紧出府相迎。

按等级说，樊哙是彻侯，比韩信的淮阴侯只高不低；从皇室亲疏看，樊哙是刘邦的“沛县旧友”，又是刘邦和吕后的妹夫，身份比韩信高出好几倍。

可他却当众给韩信跪下，心悦诚服地行起了君臣礼。

樊哙称自己为“臣哙”，又将韩信称作大王。当韩信走近后，樊哙行了大礼，一个头磕在地上，随即道：“大王能驾临贱邸，这实在是我的荣幸！”

韩信大为感动，自己已经不是楚王，但樊哙却以如此礼数对待自己，实在难得。从樊哙的举动中，我们也不难看出韩信在武将心目中的威信和地位。

《史记·淮阴侯列传》中记载道：“信出门，笑曰：‘生乃与哙等为伍！’”这是什么意思呢？是韩信在笑自己的命运。他这一辈子，也只能与樊哙等辈厮混在一起，再无建功立业的可能了。

这就是战神的高傲，如果韩信能安心做周勃、灌婴、樊哙之流，那韩信就不会对刘邦产生威胁，刘邦也不会杀韩信而后快。

韩信的高傲不仅在此时。在他还是大将军时，他身上的傲骨就尽显无遗了。

某日，刘邦闲来无事，来到大将军帐中与韩信聊天。

酒过三巡，刘邦问道："你觉得，天下谁最能带兵？"

韩信不假思索地回答："当然是臣。"

刘邦一笑，说道："那，请大将军想一下，如果让我带兵，我能带领多少人呢？"

韩信略一思考，说道："大王，您带兵不能超过十万，否则必败。"

这是实话，彭城之战就印证了韩信的语言。可刘邦一直觉得自己很厉害，于是有些恼怒地说道："我连十万兵都带不了，那你能带多少？"

韩信拍拍胸脯，骄傲地向刘邦说道："我带兵，自然是多多益善。十万可，百万亦可！"

刘邦当即大笑，尽管他心中极其厌恶，但嘴上还是夸赞韩信说："大将军自然是有奇才的，可我带兵不过十万，你却能带百万雄兵，看来我不如你了。"

韩信一听，吓了一跳，他赶紧解释道："臣只能带兵，大王不能带兵，却能带将，天下都是您的啊！"

这番话才让刘邦心里好受点，但韩信狂妄的影子，已经深深扎在刘邦心里。

韩信一直没有参透社交的智慧，所以他只是一个高傲的战神。

也正是如此，韩信才为自己埋下了一个又一个祸根。

4. 反臣陈豨

"今日，我在宫中大摆筵席庆祝，你去把淮阴侯请来，叫他一起参加宴会吧。”刘邦一边喝酒，一边对身边的侍臣吩咐道。

侍臣领命来到淮阴侯府，对韩信传达刘邦的命令。

韩信一听，刘邦又叫自己去参加宴会，心里非常烦躁。

他立刻躺在床榻之上，装出一副痛苦的样子，对使者说道：“还请你回禀皇上，我身染重疾，实在是起不来床。不能进宫伺候皇上，还请皇上恕罪。”

侍臣回到宫中，把情况一五一十说给刘邦。刘邦颔首，韩信拒绝自己，他心里很不高兴。但从另一方面想，他又是比较满意的。

“韩信这是怕我了，所以才故意躲着不见我。这小子确实比以前收敛多了。”刘邦嘴里嘀咕着，然后对侍臣一摆手，“去吧，告诉淮阴侯好好养病，就说我问候他。”

侍臣赶忙点头离去。韩信静静地坐在椅子上，在听完侍臣传达刘邦的问候后，韩信一边苦笑，一边自言自语道：“看来，只有我收敛锋芒，皇上才肯放过我啊。”

从这以后，韩信就更加小心谨慎了。

可小心归小心，韩信毕竟是个旷世奇才。试问，一块金子，如何能掩盖自己的光芒，让自己跟普通顽石一样呢？

韩信把自己关在府里，终日是大门不出，二门不迈。

周勃、灌婴等将经常来看望韩信，可韩信时常称病拒绝与他们相见。在韩信看来，自己虽是淮阴侯，但毕竟曾是楚王，跟周勃、灌婴等人的身份是不一样的。

如今，连周勃都贵为绛侯，韩信却只是个小小的淮阴侯。当周勃等人对韩信以平等身份寒暄时，韩信便觉得无比尴尬。

终于有一日，韩信发现自己鬓边已生白发。韩信才三十出头，双鬓就愁白了，一个正值壮年的小伙子，现在却像个六七十岁的老者。

韩信想到了蒯通，想到了钟离昧，想到了劝自己造反自立的谋士和部下。

韩信心中涌出了强烈的悔意。

如果自己听从蒯通之言，现在已经从齐王变成汉王了；如果自己听从钟离昧之言，当初的楚王，也不会变成老态龙钟的淮阴侯吧？

退一万步，哪怕当初失败身死，也好过如今苟活于世啊！

想到这儿，韩信更加消沉了。

为了排遣心中的苦闷，韩信执剑来到庭院。正当他想舞一段剑，看看技艺生疏与否之际，淮阴侯府的管家匆匆来报："侯爷，钜鹿太守陈豨求见。"

说起这个陈豨，他在刘邦进军灞上时就已经封侯了。当刘邦平定天下、征服臧荼后，陈豨也因北上征伐有功，被刘邦加封为阳夏侯。

历史上，陈豨官拜代国相，专门负责防备代、赵二国边境上的匈奴入侵。当时，刘邦将自己的弟弟刘仲立为代王，结果刘仲被匈奴人吓得落荒而逃。于是，陈豨变成了名义上的代王，手握大权。

刘邦忙着铲除异姓诸侯王，却偏偏忽略了陈豨。毕竟陈豨只是代国国相，名不正、言不顺，加上陈豨常年跟随在刘邦身边，平日又无甚大才，因此不像韩信那般让刘邦忌惮。

再说韩信，他一听到陈豨求见，赶紧让管家好好请进来。

陈豨跟在都城的周勃、灌婴等人不同，他是在外的武将，手下握有重兵。在韩信看来，陈豨比周勃等人自由得多，也有价值得多。

管家把陈豨迎进淮阴侯府后，陈豨对韩信恭恭敬敬地行礼，道："大将军！皇上任命我为钜鹿太守，马上就要出城了。这次来，是专程跟您辞行的。"

韩信一听，陈豨还用"大将军"称呼自己，心里有些感慨。

想到曾经的一腔热血，想到自己的赫赫战功，想到蒯通等人的预言，再看看现在自己的潦倒模样，韩信一时百感交集。

陈豨看出韩信心事，赶紧对身边人说道："你们都下去吧，我要跟韩大将军说说话。"

韩信看陈豨有话跟自己说，于是对侍从们吩咐道："你们都下去吧。"

得到韩信的命令，侍从们点头离去。陈豨见左右无人，就悄声对韩信说道："大将军，皇上将我封到钜鹿之地。那里兵精将广，记得您当年就是从赵国征召将士，起兵伐齐的。所以，您应当知道，钜鹿之地都是难得的地方啊。”

韩信一听陈豨说到兵将之事，立马警觉道：“你今日找我来，究竟所谓何事？”

陈豨说道：“大将军！刘邦是怎么对你的，我们都看在眼里！如今，您哪里还有当年意气风发的模样？论人品，论功劳，您才是最佳的王者人选，他刘邦不过是踩在您的功劳簿上，夺走了本应属于您的位置啊！”

这一番话正好说中韩信心事。韩信叹了口气，对陈豨说道：“不瞒郡守说，自我被贬淮阴侯后，就很久没听到这样推心置腹的话了。”

陈豨看韩信有些心动，便继续说道：“大将军，我也不愿久居人下。何况刘邦取得天下后，将当年的功臣一个个或削弱，或斩杀。他担心自己的皇位被功臣取代，是因为他知道，自己根本不配坐在那个位置上。您用兵如神，攻无不克，这大汉的江山有大半是您打下来的。可他又是怎样对您的呢？不过是忌惮您，将您软禁在淮阴侯府罢了。”

这话说得韩信心潮澎湃，他握住陈豨的手，说道：“是啊，我韩信对皇上忠心耿耿，最后却被他用谋反的名义贬黜。如果当年立下战功的人是你，他还会将你当成他的心腹吗？恐怕落得我这般下场的就是你了。”

陈豨当场下拜，道：“我决定反汉，为大将军平反！还请大将军助我一臂之力，为我从中谋划！”

陈豨算盘打得不错，韩信是当之无愧的“兵仙”。若他肯帮自己，那天下就一定会归自己所有。

韩信想了想，说道：“我很感谢你的心意。但皇上可负我，我却不能背叛他。我不会将你反汉一事说出去，毕竟，你是皇上的亲信。如果有人揭发你谋反，他并不会相信；如果还有人揭发你谋反，他可能会怀疑你；等再有人向皇上揭发你谋反时，你也已经准备就绪了。”

陈豨听完，心中暗想：虽然韩信不肯为我筹划，但他却给我分析了反汉的条件，相信他也是被刘邦逼得没办法了，想让我给刘邦个教训啊。

于是，陈豨给韩信行了大礼后，便起身离去，为反汉做准备了。

果然，陈豨刚到钜鹿没多久，赵国相周昌就赶回都城，向刘邦举报陈豨行为不轨，有谋反迹象。

周昌跪着对刘邦说道："皇上啊！陈豨坐镇一方，手握重兵，他挥金如土，广招天下宾客，俨然是诸侯王啊！他整日带着门客四处炫耀，生怕别人不认识他。他路过我赵国时，非但没有轻装简行，反而带着数千门客，乘坐数千豪车，如蝗虫过境般驻扎在邯郸，邯郸的旅馆全部爆满，连马棚都挤满了他的门客啊！"

如韩信所料，当刘邦听周昌举报陈豨谋反，他只是不置可否地笑了笑，对周昌说道："陈豨此人，身上江湖气息颇重。他年轻时见过魏国公子信陵君，信陵君以养士闻名，连赵王张耳都在年轻时做过信陵君的门客。信陵君养士三千，他出门时排场声势浩大，让陈豨羡慕不已。陈豨养士之事，这我是知道的，相国不必多心。"

周昌急道："皇上，陈豨出门，比您的排场都大，就算他没有谋反之心，也有僭越之心！您一定要好好惩处他啊！"

刘邦暗想：周昌是在沛县跟自己一起出来的，身经百战才分到一个汾阴侯，而陈豨跟自己没多久，功劳也不大，却被自己封为代国相，钜鹿郡守。周昌肯定是出于嫉妒，才诬告陈豨谋反。再说，周昌也没有实际证据，只是说陈豨养士罢了。自己还真能因为陈豨爱养士，就把他抓起来杀了？

想到这儿，刘邦慢悠悠地说道："陈豨没那么大的能耐，你不用担心。"

周昌看刘邦不愿意给自己出这口恶气，于是愤然离去。

5. 刘邦亲征

虽然刘邦对周昌的"举报"不置可否，但周昌的话也给他提了个醒。

陈豨被自己外放出去，肯定会撒了欢地养贤纳士用来显摆，如果让天下人都知道，陈豨比皇帝出行还气派，那可就伤害自己颜面了。

于是，刘邦想到一个"敲山震虎"的办法。他先派人去调查陈豨的几千门客，这些门客鱼龙混杂，其中肯定有贪赃枉法或品行不端之辈。等拿到门客的把柄，再把祸水往陈豨身上一引，陈豨肯定会收敛不少。

说干就干，刘邦立刻叫人调查陈豨的门客。并特意吩咐道："这次，你大张旗鼓地调查，最好让陈豨知道，我在调查他的门客。"

"啊？皇上，这种事情不是应该秘密进行吗？让陈豨知道，他提前有了防范怎么办？"那人一脸疑惑地问道。

刘邦一笑："无妨，我原本就是想让陈豨知道我的目的。我倒不信他会谋反，只是想敲打他一下，让他收敛收敛。"

来人领命而去，一路大张旗鼓地调查陈豨养士之事。

陈豨一看，心里大惊：刘邦竟然来调查自己，难道是对自己起疑心了？大将军不是判断，刘邦不会对自己这么快起疑吗？算了！现在只能兵行险招，先下手为强了！

想到此处，陈豨立马扯旗造反了。他不但自己造反，还拉着作壁上观的韩王信一起下水，两人组成了反汉的同盟军。

显然，陈豨还没有准备好造反。他拉韩王信一起造反，就是想扩大实力，把水搅混。

汉十年（前 197）九月，陈豨在代国扯旗造反，号称代王，公然向刘邦宣战。

刘邦一听：嚯？陈豨造反了？这真是把刘邦气得够呛。他虽然派人去调查陈豨，却绝对没想到陈豨敢造反。

正当刘邦气得跳脚时，一个人悄悄来到刘邦身边，对他耳语道："皇上，陈豨当年离开前，曾来淮阴侯府，与淮阴侯长谈许久。"

原来，此人正是韩信府上的侍从！

当初，韩信隐藏锋芒，将自己关在淮阴侯府中以求自保。刘邦怕韩信怀有二心，特意让心腹扮成侍从模样，在淮阴侯府里监视韩信的一举一动。

听完心腹的密报，刘邦更加生气了。他一边大骂韩信，一边将萧何召到宫内。

萧何匆匆赶来，看刘邦吹胡子瞪眼的，就知道肯定是因为陈豨造反一事。于是，萧何小心翼翼地说道："大王，您可是为了陈豨……"

话还没说完，刘邦就气呼呼地打断了他，道："韩信！是韩信！我说陈豨哪儿来那么大胆子，都是韩信怂恿他！快，你亲自去将韩信绑来，我现在就要杀了他！”

萧何一听，怎么陈豨造反扯到韩信了？他虽然迷糊，但还是对刘邦说道：“皇上，不可啊，您忘了当初‘三齐王，罪不死’吗？”

一提到这个，刘邦顿时冷静了很多。

原来，刘邦在项羽死后很高兴，为了奖赏韩信的不二之功，刘邦将他封王，与自己平起平坐。可韩信听了蒯通之言，怕皇上以后忌惮自己而杀之，于是就向刘邦讨要日后犯罪不死的封赏。

刘邦得到天下高兴，又念及韩信的功劳，于是痛快地说道：“好！不管你以后所犯何罪，我都对你‘见天不杀，见地不杀’；而且，你是天下大将军，所有的将军士兵都是你的手下！天下没有杀你的武士；此外，今后汉朝所有兵器上都刻‘信’字，‘信’不斩信，天下没有能斩杀你的兵器！如何？”

这一番话韩信感动得流下眼泪，他当即给刘邦磕了三个响头，立誓与刘邦永不相负。

话音犹在耳边，刘邦自然不能反悔。

这时候，刘邦想到一个主意，他对着萧何一番耳语。

萧何听完，内心大惊。他惊讶刘邦的狠毒无耻，也惊讶韩信的命运可悲。可刘邦是皇上，自己与韩信都是臣子，刘邦心意已决，自己又怎能违拗？

萧何对刘邦拜了拜，领命离去。

萧何离开后，刘邦又将陈平召入宫内。他对陈平说道：“陈豨造反一事，你已经知道了吧？你觉得，何人能替我征讨陈豨？”

陈平想了一下，说道：“其实，皇上心里已经有了人选吧？论能力，论忠心，都应该让淮阴侯韩信替您征讨啊。”

刘邦笑着说道：“我何尝不知道，韩信是最合适的人选。可你不知道，陈豨这次谋反，就是韩信授意的！”

陈平一听大惊，虽然他心里不信，但表面上还是说道：“真没想到，我一直认为韩信忠心耿耿，原来他竟然勾结陈豨，意图谋反！皇上打算怎么做？”

刘邦听完陈平的评价，觉得很满意，他说道："我的心腹来报，韩信跟陈豨来往亲密，但我也没有十足把握证明韩信谋反。你能不能想个办法，看看韩信到底有没有反心？"

陈平略一思索，说道："这样吧，您对韩信说，您要御驾亲征，让他带兵随您攻打陈豨。如果韩信愿去，就证明他并无二心。如果他推脱不去，就说明他不愿攻打陈豨，有反意！"

刘邦连连点头，赶紧派人给韩信下了一道命令。

韩信得到刘邦命令十分高兴，终于有机会展示自己的才华了！于是，韩信欣然领命，甚至想当面拜谢刘邦！

陈平也高兴，他早就看出韩信忠心耿耿，让韩信蒙冤，也是让人十分心痛的事情。

可就在事情板上钉钉之际，刘邦又反悔了。

他对陈平说道："不行，我还是觉得不妥。韩信是谁？他是'兵仙'啊！让他手握雄兵，之前的努力不都白费了吗？万一他临阵倒戈，将士跟百姓肯定都支持他，那还有我的好果子吃吗？"

陈平一听，有些哭笑不得，道："那，您就让他在您帐下做一名参谋，不给他兵权呗。"

刘邦很满意，他立刻让人去淮阴侯府传旨了。

韩信一听，刘邦把自己从将军直接撸成参谋了，心里很委屈。

但一想，只要有仗打，能建功立业，参谋就参谋吧，总比待在淮阴侯府里强。于是，韩信再一次欣然领命了。

可旨意还没在韩信手里揣热乎，刘邦又变卦了。

即便韩信在自己帐下当一名参谋，他还是信不过韩信。为了永绝后患，他还是决定让韩信留在都城，让萧何用原计划对付他。

韩信在淮阴侯府接到刘邦让自己好好养病的消息，顿时大失所望，心想：皇上果然还是信不过我啊，我对他一片赤诚，他却如此待我。

想到这儿，韩信赌气给刘邦上书，称自己有病在身，原本就不想随刘邦前往。他请刘邦放心，自己一定会待在淮阴侯府好好养病，不让刘邦担忧。

刘邦接到韩信类似抱怨的上书，心里更加坚定了除掉韩信的决心。

汉十年，为了平定陈豨叛乱，又为了给其他诸侯王一个震慑，六十岁的刘邦决定亲征陈豨。

论军事水平，刘邦自然不如韩信，但论政治手腕，相信天下没人是刘邦的对手。

他亲征的第一件事，就是起用周昌举荐上来的四名赵国将军。此一举，刘邦成功地拉拢了赵国人，也防止赵人在自己亲征时生变。

刘邦为攻伐陈豨所做的第二件事，就是收买陈豨身边的将领。陈豨本就出身江湖，他身边的人大多是以利相聚。如今，刘邦用重金收买他们，他们当即眉开眼笑地追随刘邦去了。

刘邦这一招厉害，他将陈豨身边能用的人尽拉拢走，只给陈豨留下了一小群死党。

刘邦知道，这时候，自己需要用强硬的军事手段逼陈豨就范了。

他派太尉周勃做将，从山西一路奔袭代国。代国是陈豨的老窝，当周勃一举拿下代国后，陈豨就失去了根据地，变成一支孤军。

刘邦与陈豨胶着之际，都城内也完全没有闲着。

其中，最焦头烂额的当属萧何。

第十三章

“生死一知己，存亡两妇人”

1. 成也萧何，败也萧何

相国府上，萧何急得团团乱转。

他知道刘邦亲征陈豨，不过是找借口。因为刘邦在离城前交代的任务，就是为了将他与接下来发生的事情撇清。

萧何回忆着刘邦传授计谋的场景，不禁有些痛心。

大殿之上，刘邦对萧何小声说道：“韩信是万万留不得了，留着他，就是给我大汉王朝留下威胁！”

萧何问道：“那您是有什么计划了吗？”

刘邦一笑，即道：“我当初许他的诺言，自然是不能违背的。既如此，我就将他带到不见天、不见日的地方，用除武士之外的人，除兵器之外的东西杀掉他！吕后十分聪明，到时候，你听她的吩咐便是。”

萧何惊讶刘邦的无赖和无情，但作为臣子，只能领命而去。

刘邦将黑锅甩给吕雉背，吕雉也心甘情愿地抢着背，为什么？因为吕雉有才无威。

在乱世中，吕雉长时间以人质的身份待在楚营，她不懂战争，却很懂政治。她一眼就看出，这是自己控制最高权力，向天下扬名立威的好时机。

刘邦和吕雉早就有了矛盾。刘邦偏爱戚夫人，想改立戚夫人的儿子如意为太子。吕雉自然不会眼睁睁地看着太子刘盈被废，于是，她四处拉拢朝臣，巩固地位。

可惜，吕雉将眼光一直放在自己妹夫樊哙身上。对于韩信，她倒和刘邦难得的意见相同。韩信就是个威胁，留着他，天下早晚得姓韩。

就这样，吕雉欣然接住刘邦的锅。在吕雉看来，杀韩信，不仅是为了大汉朝的江山永固，也为了自己和刘盈的地位永固。

自从陈豨被刘邦设计后，就逐渐成了强弩之末。眼看反军渐渐撑不下去，陈豨想到了远在都城的韩信。

他赶紧派心腹给韩信送去一封密信，在信上，陈豨请韩信与自己配合："我在钜鹿起兵牵制刘邦，请大将军在都城内控制吕后与太子。只要将他们杀掉，天下就是我们的了。"

陈豨的密信被送到韩信府上，落在淮阴侯府侍从乐说手里。

乐说此人奸诈贪婪，当初，他看韩信被软禁在淮阴侯府，便料定自己没有出头之日。因此，他时常以韩信的名义，从韩信的旧部手里勒索金银财宝。

陈豨的密信正好给了乐说一个敛财的好机会，他将密信呈送韩信时，向韩信透露了自己已经知道密信内容之事。

韩信大惊，立马将乐说囚禁起来，准备以勒索金银财宝的罪名处死他，让陈豨的密信永不见天日。

可乐说早已将密信内容，告知了弟弟乐和。

乐和比乐说更加奸诈贪婪，为了荣华富贵，他悄悄进宫来见吕后，禀道："皇后啊，我是淮阴侯韩信府上的小臣乐和。此次来见您，我是有真凭实据，来告发韩信谋反啊！"

吕雉一听大喜，她赶忙屏退左右，让乐和详细禀报。

乐和拿出陈豨写给韩信的密信，说道："皇后，韩信居心叵测，他暗中与陈豨勾结，意图造反。陈豨在信中，还让韩信在都城杀掉您与太子，逼皇上就范呢！臣的哥哥乐说因为识破韩信诡计，要被韩信杀之灭口，如若不信，您遣人去淮阴侯府一问便知！"

吕雉拿着密信很满意，自从刘邦交代她杀掉韩信后，她就一直发愁要以什么名义、什么方法杀之。此次，陈豨的密信正好给了她杀掉韩信的理由。

满朝之中，让吕雉最为忌惮的就是张良和韩信。但张良聪慧，早已称病在家，不问政事了。现在，对她威胁最大的就是韩信。只要韩信一死，自己就能完全掌握朝臣。待刘邦百年之后，太子便可顺利登基了。

吕雉重赏了乐和，并将萧何请入内宫。

此时，韩信还不知道自己已经落入刘邦与吕雉编织的罗网中。他正乖乖地坐在淮阴侯府里，当刘邦的高级囚徒呢。

韩信以为，刘邦想让他用自由换取一辈子的衣食无忧。可他到底错看了刘邦，刘邦只想用韩信的人头，换自己的高枕无忧。

让韩信更没想到的是，谋杀自己的计划，竟然是自己最大的恩公与知己——萧何定下的。

当萧何来到内宫，听吕后说要以“造反”的名义杀掉韩信后，他当即吓了一跳。

他相信韩信的为人，他知道韩信忠心耿耿不会造反，他也知道刘邦要杀韩信的心意已定。但他没想到，吕后竟想用“造反”的罪名杀掉韩信，这简直是对韩信最大的讽刺。

于是，萧何立刻对吕后说道：“皇后，韩信对汉朝一直忠心不二，他怎么会谋反呢？您该不是听了小人的谗言吧？”

吕后一听，萧何竟然敢为韩信开脱，当即不高兴地说：“萧大人，我手里有韩信谋反的证据。我知道，你跟韩信私交甚好。但你是皇上的臣子，拿的是汉朝的俸禄，韩信谋反事关朝廷安危，孰轻孰重，你可要掂量好啊。”

说完，吕雉将密信拿给萧何看。

萧何一看，心里顿时埋怨陈豨，这下可把韩信坑苦了。

可就像吕后说的，他萧何先是刘邦的臣子，才是韩信的朋友。何况，自己一家老小也攥在吕后手里，萧何哪敢不从呢？

于是，萧何对吕后说道：“臣萧何，一切听从皇后安排。”

《史记·萧相国世家》中记载：“淮阴侯谋反关中，吕后用萧何计，诛淮阴侯。”

吕后见萧何妥协，便向萧何问计。萧何沉吟一下，对吕后说道：“臣可以亲自去淮阴侯府，设计将韩信骗到宫中。韩信到宫中后，您便可命人秘密杀掉他。”

吕后点头，继续问道：“你打算用什么方法，将韩信骗过来呢？”

萧何说道：“臣会告诉韩信，陈豨已经兵败自杀，群臣都在宫中祝贺此事，请他到皇后宫中表示祝贺。”

吕后很满意，她赞许道："萧相国不愧是汉朝第一功臣，我相信，凭你跟韩信的交情，他肯定会前往皇后宫中祝贺的。"

萧何点头离去。

路上，萧何一直在为韩信惋惜，一代忠臣良将，竟然落得如此下场。萧何感慨，幸亏自己没有"兵仙"的能力，否则此刻，去皇后宫中赴死的，便是他萧何了。

淮阴侯府，韩信亲自将萧何迎进屋中，他对萧何客气地说道："韩信不知恩公来访，迎接慢了，请您见谅。恩公此次前来，可是皇上对我有什么吩咐？"

萧何勉强挤出一丝笑容："我这次找你，是来告诉你个好消息的！你还不知道吧，皇上已经将陈豨的叛军平定了。陈豨自杀，群臣都在皇后宫中庆祝此事呢。我是请你与我一同前往。"

韩信何等聪明，他听到陈豨兵败的消息，顿时疑窦大起。虽然陈豨能力不如自己，但也不至于这么快就被刘邦平定。这肯定是吕后的计策，想让萧何骗自己入宫，杀掉自己。

想到这儿，韩信赶紧对萧何说道："恩公，我近日恶病缠身，行动不便，恐怕是去不成啊。还请您代我去皇后宫中，与群臣相贺吧？"

萧何犹豫了一下，叹了口气，道："你还是去吧，这可是皇后的命令啊。"

看到萧何的坚持，韩信更加明白这就是吕后设下的圈套。

去，自己死；不去，萧何死。

韩信沉默良久，对萧何说道："既如此，臣便不能拂皇后美意了。还请恩公稍等，容韩信换身衣服就去。"

2. 魂断长乐宫

韩信明知是个圈套，却义无反顾地往陷阱里跳。

对于自己的死亡，他其实并不难过。他早就想到，以自己在军事方面的才能，刘邦和吕雉是不会让自己久活的。可真正让他难过的是，他没想到将自己送入地狱的人，竟然是萧何。

这正是韩信可怜的地方，他拿刘邦当伯乐，刘邦却要杀掉他；他拿萧何当恩公，萧何也要杀掉他；他忠心耿耿，最后却要背负“谋反”的罪名死去。

何其可悲？

在感情上，萧何并不想置韩信于死地。但所谓“君要臣死，臣不得不死”，萧何没有任何选择的余地。为了尽忠，他只能将韩信引入死局。

韩信梳洗完毕，换上淮阴侯的朝服。他强打起精神，随萧何上了马车。

二人的马车在大道上奔驰而过，韩信的情绪越来越低落。很快，萧何将韩信带到了长乐宫。

长乐宫本是秦国的兴乐宫，当刘邦拿下江山后，就将此地大肆装修了一番，用作举办大型宴会的场所。

等到萧何主持修建的未央宫完成后，刘邦就搬到了极其奢华的未央宫生活，而长乐宫也成了皇后吕雉的寝宫。

在韩信还炙手可热的时候，他也是多次来到长乐宫参加宴会的。只是如今，长乐宫已不再是包办宴会的场所，自己此次，也不过是来赴死罢了。

韩信站在华丽的大殿前，这里的热闹让韩信产生了一丝错觉。就像萧何说的，城内高官都来了。他们嘴里谈论的都是陈豨兵败身死，大肆庆祝的事情。

韩信整理了一下衣冠，同时深吸了口气。他看着眼前的景象，开始有了侥幸心理：难道，萧何大人没有骗我？陈豨真的兵败身死，他只是叫我来庆祝的？

带着这样的心情，韩信稍微高兴了些。他迈步登上台阶，两旁站着的都是威武壮硕的武士。这些武士手拿兵器，身披铠甲，在太阳下闪耀着光芒。

突然，韩信心里生出一丝感触。

这些武士里有很多面孔都是他熟悉的，也就是说，这里的大部分人，都曾跟随自己暗度陈仓，巧渡黄河，背水一战，水淹联军，垓下决战……

每走一步，这些画面就像走马灯一样，在韩信脑海中闪过一个片段。看着身边的武士，韩信突然有种想哭的冲动。

他们的武器上，还刻着自己的“信”字呢！可自己，却再没有做大将军的机会了。

进入大殿，韩信看到不少平日私交不错的大臣。刘邦不在京师，大臣们也没有太拘礼。宴会尚未开始，大臣们都三五成群地聚在一起聊着天。

韩信想跟萧何聊聊，可一转身，萧何已经不知道去哪儿了。

韩信本能地觉出事情不对，他正要离开宫殿，皇后吕雉已经上来了。

大臣们见吕雉坐定，纷纷跪下给她行礼。韩信对吕雉并无好感，他知道吕雉与刘邦是一丘之貉，都像防贼一样防着自己。可皇后在上，该行的礼还是要行的。

韩信撩袍下拜，可还没等他说出请安的话语，就听见身后一阵盔甲晃动的声音。

韩信在战场上纵横多年，对这种声音再熟悉不过。这是铠甲碰撞的金属声，身后想必已经冲来了至少十名武士。

韩信心下一沉，抬头向吕雉看去。只见吕雉怒气冲冲地说道：“韩信与陈豨勾结，意图谋反！我接到淮阴侯府小臣乐和举报，此刻韩信与陈豨的密信就在我手，证据确凿！来人！将叛贼韩信拿下！”

随着吕后的怒斥，韩信身后几十名武士冲了上来，在众位大臣错愕的惊叫声中将韩信团团围住。

韩信不由苦笑，到底还是被自己猜中了。他没有反抗，任由身后的武士将自己捆住。

吕雉在座上，令人将韩信捆成了粽子。吕雉满意一笑道：“韩信，你可知罪？”

韩信没有说话，他知道，自己认不认罪，今天都是在劫难逃了。哪怕自己巧舌如簧，为自己申冤成功，刘邦和吕雉还会找其他罪名将自己处死。

韩信累了，与其提心吊胆地苟活于世，还不如一死，也算成全了昔日与刘邦的交情。

吕雉见韩信不说话，忍不住说道：“看来，你是不想为自己辩解了。你勾结陈豨，意图谋反，按律当斩。死到临头了，还有什么话说吗？”

吕雉并非讨厌韩信，相反，她欣赏韩信，也承认韩信的能力。但只有死了的韩信，才不会对她和太子造成威胁。今天，吕雉在大殿上说“韩信谋反，宜其死也”，也不过是趁刘邦不在，为自己立威，也为刘邦背锅罢了。

听了吕雉的问话，韩信叹了口气，道：“当初，我替皇上鞍前马后，立下不少功劳。我只想问，杀我是皇上的意思，还是皇后的意思？”

吕雉没料到韩信有此一问。若说是刘邦的意思，可刘邦千里迢迢躲到代、赵之地，就是为了把锅甩给自己。

若说是自己的意思，吕雉就更不乐意了。原本自己就是想拿韩信立威的，如果说杀韩信是自己的意思，大臣们只会惶恐，埋怨自己自作主张，不愿依附自己。

反正刘邦此时不在宫中，自己还不是想怎么说，就怎么说？

想到这儿，吕雉回答道：“我只是一介妇人，怎敢专权政事？处死你当然是皇上的意思。”

韩信说道：“既是皇上的意思，那便杀我不得了。皇上曾与我相约‘见天不杀，见地不杀’，天下没有杀我的武士，也没有杀我的兵器，您难道不知道吗？”

吕雉顿时发出一声冷笑，她早就等韩信问自己这个呢，看来，自己立威的机会来了。

吕雉高喝一声：“叛臣韩信，你勾结陈豨，负皇上在先，我是替皇上诛杀你。皇上是与你做了这些约定，但你以为，这样我就杀不掉你吗？”

在群臣的瞩目下，吕雉命武士将韩信推搡进钟室。

钟室就是存放编钟的地方，吕后命人将韩信吊在长乐宫的大钟内，对韩信说道：“韩信，如今你头被大钟所罩，不见天日，脚又悬空于地面，我没有违背皇上对你的承诺吧？”

说完，吕后又叫上来十几名拿着削尖了竹竿的宫女，她问宫女道：“你们告诉淮阴侯，你们的竹刀之上，可刻有‘信’字吗？”

十几名宫女异口同声道：“没有！”

吕雉笑着对韩信说：“你听到了，她们所用之物并非兵器，杀你的不是武士，等你到了九泉之下，可不要怪皇上违背约定了。”

说完，吕雉便下令，众宫女用竹刀斩杀了韩信。

可怜韩信最后竟以这样的方式，被女子斩杀于长乐宫。死前，韩信只发出一声叹息：“吾悔不用蒯彻（即蒯通）之计，乃为儿女子所诈，岂非天哉！”

伴随着无数人的叹息声，一代战神的传奇就此终结。

3. 千古一战神，几多不平声

韩信死了。

死得如此虚无。

这是韩信没想到的大结局，也是所有人都没想到的大结局。

彼时，蒯通对韩信说的那番劝进之言，至死都在韩信脑海中萦绕。如果当初听了蒯通的建议，想必今日又是另一番天地了。

可那时，韩信还沉浸在刘邦的“恩惠”中。

确实，韩信当初只是一个来自淮阴的穷小子，闯荡江湖时，人人皆笑骂他“胯下辱夫”。可刘邦却在萧何近乎强硬的“逼迫”下，给了韩信一个风风光光的拜将礼。

韩信感激刘邦，他从刘邦这里得到的不只是前途，还有精神上的满足。

可正是这种感动，严重束缚了韩信的思想，也束缚了韩信的眼光。

韩信面对死亡的一刻，才从这种束缚中解脱。

明朝末年，著名将领袁崇焕曾写下这样一首诗：

一饭君知报，高风振俗耳。

如何解报恩，祸为受恩始。

丈夫亦何为，功成身可死。
陵谷有变易，遑问赤松子。
所贵清白心，背面早熟揣。
若听蒯通言，身名已为累。
一死成君名，不必怨吕雉。

最后这句“一死成君名，不必怨吕雉”，其实非常准确地定位了韩信的传奇人生。

自从韩信被软禁在淮阴侯府，就一直过着行尸走肉的生活。他怀念当初叱咤风云的时候，也讨厌苟且偷生的日子。

吕雉杀了他，反而帮他终结了活死人的人生，一死，成就千古之名。

对韩信来说，他蒙冤被杀确实是悲剧。可对历史来说，韩信之死成就了大汉王朝，甚至成就了之后的“文景之治”。

传奇死去，比他活着更传奇。

当韩信的人生走到尽头时，历史对他的评价是超过刘邦、萧何等人的，这样的人生，从某种意义上说也是成功的人生。

在军事方面，韩信自然是无敌的。从连破秦、魏、赵、齐、楚，并把项羽一脚从战神的位置上踹了下来。但是，韩信有个重要短板，就是他的“政治情商”。

韩信此人太过高傲，也不懂社交之道与御下之术。即便他当年听从蒯通之言，扯旗造反攻打刘邦，也未必能在政治方面玩过刘邦。

此外，韩信犯了一个重要错误。自古以来，君主对臣子都是“有功当赏，有过则罚”。可罚不过死，赏也不能更高。当臣子的功劳高到君主赏无可赏时，就只能被赐死了。

“功高震主”的人都不会有什么好下场，韩信通读国史，又怎能不知战神白起的下场？在官场中，扮猪吃虎才是生存法则。可韩信恃才傲物，又不会曲意逢迎，这样的臣子自然不讨刘邦喜欢。加上韩信有经天纬地之才，这让刘邦怎能不忌惮？

韩信自小穷困，受尽白眼，因此格外珍惜别人对他的好。刘邦和萧何，一个是韩信的伯乐，一个是韩信的知己。不管刘邦和萧何如何各怀心事，韩信也不会背弃此二人。

因此，韩信用自己的命，回报了刘邦和萧何的恩德。

宋代诗人钱若水去韩信庙拜谒的时候，在庙中题下这样一首诗：

筑坛拜处恩虽厚，蹑足封时虑已深。
隆准若知同鸟喙，将军应有五湖心。

这首诗是为韩信所题，但前两句写得却是汉高祖刘邦。

刘邦在登坛拜将之际，便是受到萧何的“强硬逼迫”，不得已才重用韩信。那时候，刘邦对韩信的恩德，不过是在还萧何一路扶持自己的人情债罢了。

韩信显露出才能后，刘邦的心情从欣喜马上转化为忌惮。刘邦一直认为韩信是张狂之人，但碍于社稷隐忍不发。

的确，韩信是高傲之人，他恃才傲物，却又极其单纯。从他拒绝蒯通劝进，又去跟刘邦讨赏一事上，能看出韩信喜欢跟刘邦“撒娇”。

但正是这种撒娇，才让刘邦对他更加反感。刘邦从未将韩信当成亲密之人，韩信此举，在刘邦看来不过是要挟。

刘邦没处置韩信，是因为自己用得着韩信。可凭韩信的智慧，他应该能感受到刘邦反感和忌惮。

这时候，他就应当学范蠡，做闲云野鹤而去，寄情于五湖四海。如果他能放下带兵打仗的执念，也不至于落得如此悲凉的下场。

韩信死后，刘邦也从前线回到都城。当吕后将韩信的人头呈予刘邦时，刘邦的感情是“且喜且怜之”的。

他喜，喜的是自己从今以后不用提心吊胆，担心韩信会给自己带去威胁了；他怜，怜的是韩信年纪轻轻无辜枉死，而自己已到暮年，不禁对往事感慨万千。

正当刘邦回忆往昔时，吕后告诉他，韩信临终前的最后一句话是后悔没采用蒯通的计谋。

刘邦知道蒯通是劝韩信谋反的那个人，韩信临死前竟然敢后悔没有造反，这是让刘邦非常愤怒的。

于是，刘邦派人将蒯通捉拿归案，想将其判为烹刑。

可蒯通当众喊冤，他大声说道：“您难道不知，狗总会对主人之外的人吠叫吗？那时，齐王韩信是我的主人，秦失其鹿，天下共逐之。有才能的人，难道不应该像您一样去争抢吗？人们争先恐后地做您所做的事，但齐王韩信却不愿背叛您，拒绝了我的建议，您难道想把当初所有有逐鹿中原念头的人都杀光吗？”

蒯通这番话让刘邦很生气，因为这番话直接证明了韩信并无谋反的意图。可如果杀了他，就等于刘邦承认韩信没有谋反。不杀他，也是给自己一个台阶下。

刘邦当众赦免了蒯通。

总的来说，韩信之死，还是让刘邦松了一口气。清朝诗人袁保恒曾说过这样一句诗“高帝眼中只两雄，淮阴国士与重瞳”。

淮阴国士是韩信，重瞳是项羽。二雄皆死，独留刘邦一人，他便可高枕无忧了。

刘邦因无情而生，韩信因重情而死，这或许是历史留下的最大的遗憾。《九州春秋》中记载，东汉末年，信都县令阎忠劝皇甫嵩叛汉时曾说：“昔韩信不忍一飧之遇，而弃三分之利，拒蒯通之忠，忽鼎跱之势，利剑已揣其喉，乃叹息而悔，所以见烹于儿女也。”

阎忠将韩信之死看得极为透彻，韩信并非死于谋反，而是死于功高震主。不管坐到皇位上的人是不是刘邦，只要不是韩信自己，他必死无疑。

汉十一年（前 196）七月，英布在韩信被杀之后义愤填膺，扯旗造反。六十一岁的刘邦悲凉地发现，韩信已无法再替自己鞍前马后、征讨叛逆了。

无奈，六十一岁的刘邦只能拖着既老且病的身躯，率大军亲征淮南。可失去韩信的指挥，刘邦未能将英布斩杀马下。英布率军割据江东，刘邦只能黯然班师。

班师路上，刘邦路过沛县，他看着熟悉的一草一木，想着失去韩信后的情景，终于忍不住泪洒沛宫。

他当即执剑而起，大声唱歌。歌云："大风起兮云飞扬，威加海内兮归故乡，安得猛士兮守四方！"

英雄的时代结束了，留下的，只有幸存者的落寞与感叹。

汉十二年（前195）四月二十五日，汉高祖刘邦于宫中崩殂，享年六十二岁。